事例に学ぶ
保全・執行入門

権利実現の思考と実務

弁護士 野村 創 [著]

発行 民事法研究会

は　し　が　き

　事例に学ぶシリーズ（「行政訴訟入門」、「刑事弁護入門」、「離婚事件入門」）の 4 冊目として本書の刊行が実現し、望外の喜びである。
　本シリーズは、司法修習生または若手弁護士に向けたセルフ OJT（On the Job Training）用の書籍であり、本書もまたその一翼を担うものである。本シリーズが目的とするところは、具体的事例を素材に、ドキュメンタリー形式による事件処理の手順を描くことにより、未体験の読者に事件処理を疑似体験してもらうとともに、事件処理のための思考プロセスをいわば「盗んでもらい」、縦横無尽にこれを応用してもらうことにある。
　本書も一義的にはその目的に沿っているが、二義的に、先輩弁護士と後輩弁護士の対話という形式で保全法および執行法の基本事項の習得ができるようにも意を用いた。「保全・執行入門」の初級編という位置づけである。この点が既刊 3 冊とはやや趣が異なる点である。
　保全・執行は、裁判手続のスタートとゴールであり、紙に書かれた権利（判決等）を現実化する制度である。およそ執行を考慮しない給付請求訴訟は通常はあり得ない。「法」の「法」たるゆえんは、実力による権利実現の強制力にある。その意味において、保全・執行制度は権利実現の要である。弁護士は、登録した瞬間にこの保全・執行実務の大海に挑むことになる。しかし、時間的制約からやむを得ない面があるとはいえ、法科大学院および司法研修所において、保全法・執行法の学修が十分に行われているとはいいがたい現状がある。この間のギャップを埋める一助になればとの思いから本書を著すに至ったものであり、基本事項から説き起こしたゆえんである。
　さて、本書では初級編という位置づけから債権者の立場からの事例のみを取り上げざるを得なかったが、債務者の権利にも配慮が必要であることを指摘しておきたい。保全・執行の本質が公権力を背景にした強制力の行使であることから、ややもすると債務者に対する重大な人権侵害の結果を与えてしまうことを心の片隅にでもとどめておく必要がある。

末筆ではあるが、本書の出版に際し、引き続き執筆をすすめていただき、煩雑な書式・図等を編集いただいた民事法研究会の安倍雄一氏、書式の作成、作図作業等を手伝っていただいた森下陽平氏にもこの場を借りて厚く御礼申し上げたい。
　平成25年9月

弁護士　野村　創

目　　次

第1章　不動産の仮差押え（保全総論）……………1

I　事案の概要…………………………………………1
1　対象物件……………………………………………1
2　被保全権利…………………………………………3
〈表1〉　X社のY社に対する債権一覧（《Case ①》）……3
3　保全の必要性………………………………………4
4　回収方針……………………………………………5
【書式1】　不動産仮差押必要書類…………………6

II　甲弁護士と若先生の質疑応答と方針協議……………7
1　対象物件……………………………………………7
〔図1〕　仮差押えの手続相対効……………………9
2　被保全権利…………………………………………10
〔図2〕　保全事件における抗弁の不存在事由・再抗弁事実の主張・疎明……………………12
3　保全の必要性………………………………………13
〔図3〕　勝訴の見込みと保全の必要性の関係……17
〔図4〕　仮差押えの順番と相対的な保全の必要性……18
4　回収方針……………………………………………20
〈表2〉　請求債権の特定（《Case ①》）……………21
〈表3〉　保全保証金の目安（実務感覚）……………26

III　申立書起案…………………………………………26
1　申立てにあたって…………………………………26
2　申立書作成のポイント……………………………27
【書式2】　不動産仮差押命令申立書（《Case ①》）……28

IV　申立て〜裁判官面接………………………………36

```
　1　受付と面接時間 ································································· 36
　2　申立書の準備等 ································································· 37
　3　受付手続 ·········································································· 37
　4　面　接 ············································································· 37
　　【書式3】　保全申立て受付票 ··············································· 38
　　【書式4】　上申書 ······························································ 41
　5　面接後の用意 ···································································· 42
Ⅴ　供託〜発令 ············································································ 43
　1　供託準備 ·········································································· 43
　　【書式5】　供託用委任状 ····················································· 43
　　【書式6】　供託取戻しのための委任状 ···································· 44
　2　供託手続 ·········································································· 45
　3　裁判所の担保受入れ手続等 ·················································· 45
　　【書式7】　供託書 ······························································ 46
　　〈表4〉　予納郵券額（東京地方裁判所民事9部の場合） ············· 47
　　〈表5〉　提出目録類（東京地方裁判所民事9部の場合） ············· 48
　　【書式8】　登記権利者義務者目録 ········································· 49
　　【書式9】　国庫金納付書 ····················································· 50
　　〈表6〉　担保受入れ完了時刻と決定正本交付時刻 ······················ 51
　4　発　令 ············································································· 51
　　【書式10】　仮差押決定 ······················································ 52

# 第2章　不動産の強制競売（執行総論） ············· 54

Ⅰ　事案の概要 ············································································ 54
Ⅱ　執行準備 ··············································································· 54
　1　訴訟において請求すべき債権 ··············································· 54
　　〈表7〉　〈Case ②〉における債権の全体像 ····························· 55
　　【書式11】　判決（〈Case ②〉） ········································· 55
```

　　2　債務名義 …………………………………………………………………57
　　3　送達証明書と執行文付与の手続 …………………………………………57
　　　【書式12】　判決送達証明申請書（〈Case ②〉）………………………………58
　　　【書式13】　執行文付与申立書（〈Case ②〉）…………………………………60
　　　【書式14】　執行文（〈Case ②〉）………………………………………………62
　　4　強制執行の種別 ……………………………………………………………62
　　　〔図５〕　不動産に対する強制執行 ……………………………………………62
　　5　強制競売の手続の流れ ……………………………………………………63
Ⅲ　仮差押えの後始末（担保取消し）………………………………………64
　　　〔図６〕　強制競売手続の流れ ………………………………………………65
　　　【書式15】　担保取消決定申立書（〈Case ②〉）………………………………66
　　　【書式16】　供託原因消滅証明申請書（〈Case ②〉）…………………………67
Ⅳ　強制競売申立て ……………………………………………………………68
　　1　申立書起案 …………………………………………………………………68
　　　【書式17】　供託金払渡請求書（〈Case ②〉）…………………………………69
　　　（資料１）　不動産競売申立てに必要な提出書類添付目録等 ………………70
　　　【書式18】　不動産強制競売申立書（〈Case ②〉）……………………………73
　　2　申立て ………………………………………………………………………76
　　　【書式19】　不動産強制競売事件の進行に関する照会書 …………………77
　　　（資料２）　不動産競売申立てに必要な費用等 ………………………………78
Ⅴ　開始決定から代金納付まで ……………………………………………79
　　1　開始決定 ……………………………………………………………………79
　　　【書式20】　強制競売開始決定 …………………………………………………79
　　2　開始決定から期間入札まで ………………………………………………80
　　　【書式21】　現況調査報告書（サンプル）……………………………………81
　　　【書式22】　評価書（サンプル）………………………………………………86
　　　【書式23】　物件明細書（サンプル）…………………………………………94
　　3　期間入札から配当期日まで ………………………………………………97

【書式24】 期間入札の通知 ……………………………………………97
Ⅵ 配当手続 ………………………………………………………………100
　1 弁済金交付と配当 ……………………………………………………100
　〔図7〕 弁済金交付 ……………………………………………………101
　〔図8〕 配　当 …………………………………………………………101
　2 配当期日の呼出しおよび計算書提出の催告 ………………………101
　〔図9〕 執行費用 ………………………………………………………102
　【書式25】 配当期日呼出状及び計算書提出の催告書（〈Case ②〉）…102
　【書式26】 債権計算書 …………………………………………………103
　3 配当見込額および配当表原案の確認 ………………………………104
　〔図10〕 配当異議訴え提起までの日程 ………………………………105
　【書式27】 配当等見込額照会書（サンプル）…………………………105
　4 配当期日 ……………………………………………………………106
　5 〈Case ②〉の場合 …………………………………………………107
　【書式28】 配当金等支払請求書 ………………………………………108
　【書式29】 債務名義還付申請書（〈Case ②〉）………………………109

第3章　債権の仮差押えおよび執行 …………………110

Ⅰ 受任の経緯と弁護士間の事前打合せ（ヒアリング時の留意点）……………………………………………………………………110
　1 一般的留意事項 ………………………………………………………110
　2 債権概況の把握 ………………………………………………………111
　3 対象資産の把握 ………………………………………………………113
　【書式30】 振替社債等仮差押命令申立書 ……………………………116
　（資料3） 振替社債等目録 ……………………………………………116
　4 請求債権額と割り付け ………………………………………………118
　5 保全の必要性——連帯保証債務の場合 ……………………………120
　6 保全の必要性——債権仮差押えの場合 ……………………………122

Ⅱ	依頼者からの聴取り（事案の概要）……………………………123	
Ⅲ	方針検討（若先生のつぶやき）……………………………………125	
	【書式31】　通常の（仮）差押債権目録の例………………………126	
	【書式32】　（仮）差押債権目録（全店一括順位付け方式の例）………127	
	【書式33】　（仮）差押債権目録（預金額最大店舗指定方式の例）……128	
Ⅳ	仮差押申立て〜決定…………………………………………………129	
	1　債権仮差押命令申立書………………………………………129	
	【書式34】　債権仮差押命令申立書（《Case ③》）……………………130	
	2　陳述催告…………………………………………………………136	
	【書式35】　第三債務者に対する陳述催告の申立書（《Case ③》）……137	
	3　発令までの手続…………………………………………………138	
	〈表8〉　債権仮差押手続の予納郵券・必要目録数…………………138	
	4　発令および陳述書の返送………………………………………138	
	【書式36】　仮差押決定（《Case ③》）…………………………………139	
	〈表9〉　仮差押債権の存否等（《Case ③》）…………………………140	
	【書式37】　陳述書（《Case ③》）………………………………………140	
Ⅴ	債権差押命令申立て…………………………………………………142	
	1　仮差押え後の経過………………………………………………142	
	2　債権差押えに向けての弁護士間の打合せ…………………142	
	〔図11〕　差押えの競合…………………………………………………144	
	〔図12〕　転付命令………………………………………………………144	
	〔図13〕　債権差押手続図解……………………………………………147	
	3　債権差押命令申立書……………………………………………148	
	【書式38】　債権差押命令申立書（《Case ③》）………………………148	
	〈表10〉　債権差押命令申立書手数料………………………………151	
	〈表11〉　予納郵券切手一覧表（債権執行）…………………………152	
Ⅵ	差押命令〜換価（取立て）…………………………………………153	
	1　差押命令…………………………………………………………153	

【書式39】 債権差押命令（〈Case ③〉）············154
2 陳述書の返送、送達通知············154
【書式40】 送達に関する通知書（〈Case ③〉）············155
【書式41】 銀行に対する取立通知（〈Case ③〉）············156
【書式42】 保険会社に対する取立通知（〈Case ③〉）············157
3 取立て、事後処理············158
【書式43】 取立届（〈Case ③〉）············159
【書式44】 取下書（〈Case ③〉）············160
【書式45】 差押命令の請求債権目録（執行文付き確定判決）
（〈Case ③〉）············161

第4章 不動産の明渡しに関する仮処分および執行 ············162

Ⅰ 事案の概要············162
Ⅱ 現地調査············164
〔図14〕〈Case ④〉立地状況（略図）············165
Ⅲ 方針検討（弁護士間の協議）············166
1 執行方法············166
〔図15〕 不動産明渡執行の類型············169
2 理論構成············169
〔図16〕 建物収去土地明渡請求の構造（〈Case ④〉）············170
3 仮処分············172
Ⅳ 仮処分申立て············178
1 解除通知············178
2 仮処分命令申立て············178
【書式46】 占有移転禁止仮処分命令申立書（〈Case ④〉）············178
【書式47】 不動産仮処分命令申立書（〈Case ④〉）············183
3 発令············185

【書式48】　仮処分決定（《Case ④》）·····································186
　【書式49】　仮処分決定（《Case ④》）·····································186
Ⅴ　保全執行··187
　1　保全執行··187
　【書式50】　不動産全部事項証明書（《Case ④》）··················188
　〔図17〕　保全命令裁判所と保全執行裁判所··························189
　2　保全執行申立て···191
　【書式51】　執行申立書（《Case ④》）·····································192
　〈表12〉　予納金額標準法···194
　3　占有移転禁止仮処分の執行実施···195
　【書式52】　仮処分調書（《Case ④》）·····································200
Ⅵ　債務名義取得および本執行··205
　1　本案訴訟および判決···205
　【書式53】　判決（《Case ④》）···205
　2　授権決定··207
　【書式54】　建物収去命令申立書（《Case ④》）······················208
　【書式55】　建物収去決定（《Case ④》）·································209
　3　本執行（建物収去土地明渡しおよび建物退去土地明渡し）·······210
　【書式56】　強制執行調書（《Case ④》）·································212

第5章　仮の地位を定める仮処分（断行仮処分・満足的仮処分）·····214

Ⅰ　事案の概要··214
Ⅱ　若先生のつぶやき（おおまかな方針決定）··························218
Ⅲ　甲弁護士への相談（理論構成および戦術）··························219
　1　仮地位仮処分の概要と特殊性···219
　2　申立ての趣旨（決定主文）··220
　3　理論構成··221

4　戦術……………………………………………………………222
Ⅳ　申立書起案…………………………………………………………223
　　【書式57】　地位保全等仮処分命令申立書（〈Case ⑤〉）………224
　　【書式58】　管轄区域外への供託許可申請書（〈Case ⑤〉）……228
Ⅴ　申立て〜審尋期日…………………………………………………229
　　1　5月9日…………………………………………………………229
　　2　5月10日………………………………………………………230
　　3　5月13日………………………………………………………230
　　4　5月17日──審尋期日………………………………………230
　　5　5月23日………………………………………………………233
　　6　5月30日………………………………………………………233
　　【書式59】　和解調書（〈Case ⑤〉）………………………………234

・事項索引………………………………………………………………236

　　　　　　　　　　　　　凡　例

〈法令等略語表〉
民保　　　　　　民事保全法
民保規則　　　　民事保全規則
民執　　　　　　民事執行法
民執規則　　　　民事執行規則
民訴　　　　　　民事訴訟法
破　　　　　　　破産法
金商　　　　　　金融商品取引法

〈判例集・定期刊行物略称表記〉
民集　　　　　　最高裁判所民事判例集
判タ　　　　　　判例タイムズ

不動産の仮差押え（保全総論）

I 事案の概要

―〈*Case* ①〉―
　X債権回収株式会社から、「債務者Y株式会社に所有不動産があるのでその回収方法等について打合せしたい」との連絡があった。

　以下は、甲弁護士（以下、単に「弁護士」という）、その後輩弁護士（以下、「若先生」という）とX社社員乙氏（以下、「X社員」という）の打合せ内容である。

1　対象物件

弁護士「早速ですが、ご依頼の趣旨として、Y社の不動産を競売して回収したいということでよろしいでしょうか？」

X社員「基本的には、そのとおりですが、ちょっと問題があります。Y社所有の不動産、これはもともと社宅だったんですが、Y社の業績悪化で従業員も減ってしまい、現在は空屋で遊休不動産になっています。この旧社宅ですが、B銀行がすでに根抵当権を設定しています」

弁護士「そうであれば、たとえ債務名義をとって強制競売しても、優先的弁済効がある根抵当権から配当が行われるので、その不動産に剰

余価値がなければ、強制競売事件は、民事執行法63条により無剰余で取り消されてしまうだけですね。ということは、剰余がありそうなのですか？」

X社員「はい。簡単に経緯を話しますと、ご承知のとおり弊社はサービサーですので、本件債権も原債権者から譲渡を受けたものです。原債権者は、A銀行なのですが、A銀行が融資実行した時点ですでに旧社宅にはB銀行の根抵当権が極度額5000万円で設定されていて、A銀行の担保評価によっても旧社宅の評価は4000万円程度だったので、『コウジュンイ』での設定は行わなかった模様です」

弁護士「コウジュンイとは、アトジュンイ（後順位）ですね。高順位ではなく」

X社員「はい。後順位です。その状況のままで、Y社の延滞が始まり、弊社に債権譲渡された次第です。その後、弊社がY社社長と面談し、債務返済交渉を行っていたのですが、その際にY社からもらった直近の決算書の勘定科目明細をみると、Y社のB銀行からの借入れとしては2000万円しか計上されておらず、Y社社長に確認してみてもそれくらいしか残っていないということでした」

［関係図①］

旧社宅

← 1順位　根抵当権
　　　　　B銀行
　　　　　極度額5000万円
　　　　　残債務2000万円

評価3000万円　　　　　　剰余価値1000万円

弁護士「つまり、旧社宅に剰余価値があるかもしれないということですね」

X社員「はい。現在の不動産評価でも3000万円くらいの評価でしたので、それをベースに考えれば1000万円くらいの剰余価値があるということになりますが、まだ正式に評価を出していなくて……」

弁護士「わかりました。剰余が出るのであれば、物件からの回収も当然に視野に入ってきますね。その方向性で話を進めましょう」

2　被保全権利

弁護士「Y社に対する債権はどんな感じですか？」

X社員「まとめてきました。手貸し（手形貸付）が1本、証貸し（証書貸付）が2本、元本ベースの総額で約4000万円ほどです。これに未収利息と損害金がつきますが、延滞してからそれほど時間が経っていないので大きな金額にはなりません」

〈表1〉　X社のY社に対する債権一覧（〈*Case* ①〉）　（Mは百万円）

	種別	当初金額	残元本額	延滞
①	手貸し	10M	10M	あり
②	証貸し	50M	10M	あり
③	証貸し	60M	20M	あり
合計		120M	40M	

弁護士「期失（期限の利益喪失）は大丈夫ですか？」

X社員「手貸しについては期限到来済みです。証貸しについては、銀行取引約定書に従って、A銀行のほうで『期限の利益喪失通知』を内容証明郵便で出状し、配達証明もあります。いわゆる『請求喪失』をしてあります」

3 保全の必要性

弁護士「旧社宅以外に回収可能な不動産はありそうですか？」

X社員「決算書をみる限りなさそうです」

弁護士「保全状況はどうですか？」

X社員「連帯保証人として、Y社の社長が極度額1億2000万円の限度保証（根保証）をしています」

弁護士「物的担保は？」

X社員「Y社所有の倉庫に極度額1億2000万円の根抵当権を設定していますが、担保評価としては、2800万円ですのでアンカバー（保全不足分）が相当にあります」

［関係図②］

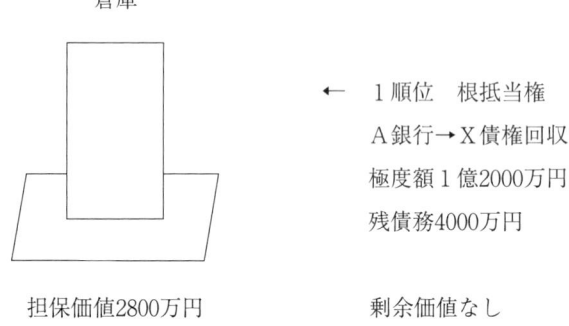

弁護士「延滞した理由は何ですか？」

X社員「A銀行からの引き継ぎですが、売上げ不振による返済資金不足です」

弁護士「現在の返済状況はどうですか？」

X社員「それが問題なのですが、先ほどお話したとおり、Y社社長と面談した際に、旧社宅に剰余価値があることが判明しました。旧社宅がY社の事業に必要かどうかを社長に聴いたところ、当面使う予定はないということなので、弊社としては遊休不動産を処分

してもらってまずは負債を圧縮し、残債務については分割弁済に応じると話しているのですが、社長は、旧社宅の売却に難色を示しており、『嫌だ』の一点張りで、返済交渉はストップしています。その間、一切返済はないです」

弁護士「返済しない理由は、物件処分が嫌だという感情的なものですか？」

X社員「いえ、本質的には、継続的な売上げ不振で、返済にまわす資金的余裕がないためと思われます。決算書をみるとEBITDA（利払い前税引き前減価償却前利益）でプラスマイナスゼロという感じで、延滞が始まった頃より若干悪くなっています」

弁護士「Y社に何か変な動きはないですか？ 資産の隠匿を行っているような？」

X社員「隠匿ということはないのですが、Y社社長は、『旧社宅を担保にまだ借りられる』と言っていました。旧社宅の売却を嫌がる理由かもしれません」

弁護士「旧社宅に2番抵当を設定されたら、もうそこからの回収は無理です。ちょっと急がなければなりませんね」

4　回収方針

弁護士「ざっと概況はわかりました。競売すれば、旧社宅から回収が見込めます。最終的に競売も辞さないという方針でよろしいですか？」

X社員「最終的にはやむを得ないと考えています」

弁護士「競売する場合、御社は担保権者ではないので、強制競売になります。そうすると債務名義を取得する必要がありますが、その点はOKですか？」

X社員「もちろんです。ただ、債務名義を取得するということは、判決をとる、と考えてよいですか？」

【書式1】 不動産仮差押必要書類

不動産仮差押必要書類	原本・写しの別
□ 債権者の委任状、資格証明	原本
□ 債務者の資格証明	原本
□ 約定書関係（銀取、手形、金証等）	原本
□ 貸金1本毎の個別明細	写し
□ 債権譲渡通知・同配達証明	原本
□ 担当者の報告書	原本
□ 対象不動産の不動産全部事項証明書（直近の物）	原本
□ 対象不動産の固定資産税評価証明書	原本
□ 担保物件の不動産全部事項証明書（1か月以内）	原本
□ 担保物件の価額に関する鑑定書・査定書	原本
□ その他	
・ 債務者の決算書	
・ 担当者の報告書	

弁護士「基本的にそう考えておいてください。ただし、債務名義は判決書だけではないですから、相手方の出方次第では、支払督促手続や執行認諾文言付きの公正証書なども状況に応じては考えられますよ」

X社員「相手方の出方をみるためにも、仮差し（仮差押え）もぜひお願いしたいのですが」

弁護士「本件では、やるべきでしょうね。その前提で確認ですが、Y社は、債務否認とかしていますか？ あるいは、貸手責任だ何だかんだと紛争の種がありそうですか？」

X社員「それは大丈夫だと思います。Y社社長と面談した際も借入自体に何らクレームもなく債務を認めていましたから」

弁護士「では、敗訴の見通しはなさそうですね。仮差しもやりましょう。

仮差しの場合、担保（保全保証金）が必要ですが、大丈夫ですよね？」

X社員「どの程度の金額になりますか？」

弁護士「不動産の仮差押えですから、あくまで一般論でいえば目的物件の価額の10〜20％となります」

X社員「わかりました」

弁護士「まず仮差しに着手します。必要書類のリスト（書式1）をまとめましたので、可能な限り迅速に準備してください」

X社員「わかりました」

II 甲弁護士と若先生の質疑応答と方針協議

1 対象物件

若先生「先生、先ほどの打合せについて、いくつか質問があります。まず何より、変な業界用語が飛び交っていましたね」

弁護士「『カリサシ』、『テガシ』、『ギントリ』、『キンショウ』とかね。全部単なる略語で、『ギントリ』が銀行取引基本約定書、キンショウとは金銭消費貸借契約書を略しただけなんだけど。業界用語と言ってしまえばそれまでなんだけど、金融機関の人や裁判所の書記官なんかも無造作に使うことがあるから、ある程度知っておいたほうが話がスムースに進むのは事実だね。新人銀行員向けの教科書なんか読んでみるといいよ」

若先生「いきなり仮差押えの話をしないんですね？ 乙さんの雰囲気からしてあからさまに仮差押えしてほしいという感じでしたし、ものの本とかみると抵当権付きの物件でも仮差押えできるって書いてあるから、さっさとその話に入るかと思いましたよ」

弁護士「若先生、仮差押えって何のためにやるの？」

若先生「それは債権の保全です。保全して、物件を処分できないように固

めて……」
弁護士「仮差押えには手続相対効しかないから、現実的に処分することは可能だよ。でも若先生の言わんとすることはわかる。それはそれとして、保全してどうするの？ まさかとは思うけれど、そのまま換価できるとか思っていないよね？」
若先生「思ってないです。思ってないです。え〜裁判します」
弁護士「訴え提起ね。で、勝訴判決がとれたと。さて、どうします？」
若先生「え〜執行するんですよね、競売？」
弁護士「強制競売。民事執行法43条。まあ、その前に執行文の付与を受けて、強制競売の申立てをする」
若先生「強制競売して、換価？ 配当もらう」
弁護士「その間、長い道のりはあるけどそのとおりだね。そうすると、執行して、貸金の回収をするのが最終的な戦略的目的であり、仮差しというのは、その目的のための準備手段にすぎないわけで、まずとれるかとれないか、強制競売でいえば、配当（弁済金交付）があるかないか、それを確認しなければ、仮差押えをしたはいいけれど、何もとれませんでした。時間と労力と費用が無駄になりました。で終わってしまうよ」
若先生「そのとおりですね。だから先生は冒頭でまず『競売をするか？』と聴いたんですね」
弁護士「仮差押えそれ自体を戦略的目的とするということもあるのかもしれない。相手方にしてみればものすごいプレッシャーになるから交渉カードとしてね。でもそれは本来民事保全法が予定する仮差押えの使い道ではないから、感心しないね」
若先生「今回のケースでは、物件に剰余価値がありそうなので、執行してとれる可能性がある。しかし、執行するためには債務名義が必要だけど、訴訟等をやっている間に物件が処分されてしまったり、抵当権などを設定されたら、判決をとっても執行できない」

弁護士「第三者の名義になってしまったら、債務者の責任財産じゃなくなるから、それこそ詐害行為取消訴訟でも起こして、物件の名義を債務者名義に戻さなければ執行なんかできない。後（あと）順位で剰余価値以上の被担保債権額で抵当権など設定されたら、換価した代金は、そこに優先的に配当されるから、後から強制競売して差押えしても配当はもらえない。それを防ぐために仮差しするというわけです」

若先生「そこのところが今ひとつ腑に落ちなかったのですが、仮差しするとなぜ OK なんですか？ 現実に物件を譲渡したり、担保設定したりできるんですよね？」

弁護士「さっきちょっと話した手続相対効ということです。図に書くね」

〔図1〕 仮差押えの手続相対効

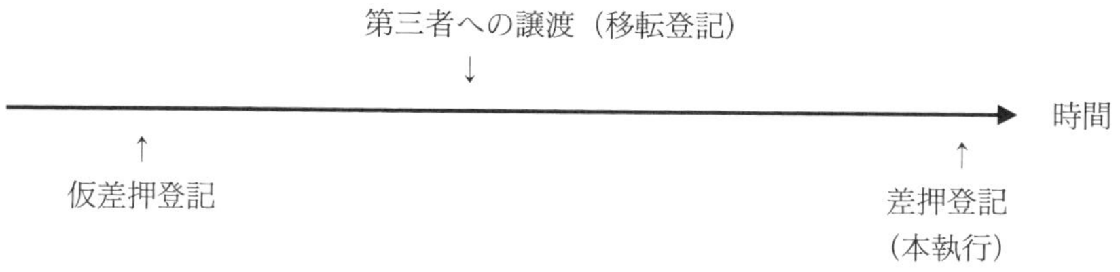

```
                        第三者への譲渡（移転登記）
                                ↓
━━━━━━━━━━━━━━━━━━━━━━━━━━━━━━━━━━━━━━▶ 時間
        ↑                               ↑
     仮差押登記                        差押登記
                                      （本執行）
```

弁護士「仮差押えの効力として、絶対的に債務者の処分を禁止するものではなくて、債務者は物件を譲渡することもできるし、その相手方に移転登記することもできる。法律行為の無効原因や取消原因にはならない。でも、本執行の手続が行われる限り、その手続との関係で処分行為は無効とされるんだ。つまり無視される」

若先生「ピンとこないです」

弁護士「物件が第三者の名義になってしまっても、それは無視して強制競売できるってこと。もちろん、仮差しの請求債権と本執行の請求債権が同一でなければならないのは当然だけど、手続的には、強制競売申立ての時に仮差押決定正本の写しを付けて、申立書の末尾に『なお、本件は平成○年○月○日受付第○○○号仮差押（○

○地方裁判所平成○年(ヨ)第○○○号仮差押命令申立事件）の本執行の申立である。』と記載したり、あるいはその旨の上申書を提出すればよいだけ。所有名義が第三者名義になっていても債務者のために強制競売できる」

若先生「仮差押登記がなされて以降の登記は、執行手続ではなかったものと考えてよいわけですね。登記がなされているので公示もされており、取引の安全も害さないということか」

弁護士「その理解でおおむねOKです。ちなみに、第三者が抵当権を設定したような場合、その抵当権者は、執行手続では無視されるので、配当をもらえない。民事執行法87条2項に明文で書いてあるね。仮差押債権者が本案で負けたか、仮差押えの効力を失ったときに限り配当を受けられるって」

2 被保全権利

弁護士「基本事項ですが確認です。仮差押えなどの保全事件の発令要件を挙げてみて？」

若先生「被保全権利と保全の必要性です」

弁護士「正解です。では、本件での被保全債権（権利）は何ですか？」

若先生「訴訟物としていえば、金銭消費貸借契約に基づく返還請求権ですかね。債権譲渡がされているので譲受債権請求訴訟という類型になると思います。それに利息請求と遅延損害金の請求がつきます。ひとことで言えば貸金請求ですね」

弁護士「そのとおりです。本件では、契約書等の証拠関係がきっちりしているし、債務否認等もないというので被保全債権の存在自体は堅いね」

若先生「申立書を起案するとき、被保全債権自体は、訴状と同じに書けばよいだけですよね」

弁護士「基本的にはそれでよいです。しかし、保全事件の性質からくる特

殊性があるので、若干注意しておいたほうがいい点があるよ。若先生、保全事件の特質としてどんな点がありましたっけ？」

若先生「緊急性とか密行性、暫定性ですね」

弁護士「密行性というのは、一方当時者の話だけ聴いて、相手方の主張は聴かないで秘密裏のうちに保全手続を開始してしまうということだね。これは相手方にしてみれば、ことがなされる（保全事件の決定）前に防御することができないということです。仮差押えの決定が出た後に保全異議なりで争うしかない」

若先生「そう聴くとずいぶん一方的な手続ですね」

弁護士「まあ、そのために債権者が、担保（保全保証金）を提供するというのもあるんだけど、保全の審理にあたっても、相手方の防御については一定の配慮がされるんだ。若先生、要件事実的にいって、訴状では最低限何を主張する？」

若先生「請求原因事実です」

弁護士「『せり上がり』でもない限り、訴訟では、再抗弁事実の主張・立証は必要ないよね。保全事件でも理屈の上では不要です（司法研修所編『民事弁護教材改訂民事保全〔補正版〕』12頁）。しかし、保全事件では、予想される抗弁の不存在事由や再抗弁事実の主張・疎明を裁判官から求められることがとても多いのです。その意味で、これらの事由を『せり上げて』主張・疎明する必要があるんだよ」

若先生「具体的にはどんなケースがあります？」

弁護士「貸金請求だと消滅時効と時効中断事由というケースが考えられるね。また図に書くね。

　本来であれば、Kgだけ主張・疎明しておけばいいんだけど、弁済期から消滅時効期間経過後に仮差押えの申立てをしたとすると、仮差押えの審理では相手方に主張・疎明の機会がないからそもそも『時効の援用』があり得ず、抗弁が成立することはない。

〔図2〕 保全事件における抗弁の不存在事由・再抗弁事実の主張・疎明

Kg (Klagegrund)　　E (Einrede)　　R (Replik)

・金銭返還合意　　・権利行使可能
・金銭交付　　→　・時効期間の経過　→　・時効中断
・弁済期の合意　　・援用の意思表示
・弁済期の到来

　　　しかし、本案訴訟で消滅時効の抗弁の提出が予想されます。本案訴訟で債権者が敗訴すれば、仮差押命令は取り消されるべきものとなるし、基本的に過失が推定されて、仮処分の執行に不法行為が認められる可能性が高まるとされています（最判昭和43・12・24民集22巻13号3428頁）。ですので、要件事実的に消滅時効の抗弁が立たないからといって単純に発令してしまってはあまりにも相手方の保護に欠けてしまう。それゆえに、予想される消滅時効の抗弁に対する再抗弁、この場合は時効中断事由だけれども、それをいわば『せり上げ』て主張・疎明させるわけです」

若先生「『せり上げ』て主張・疎明しないとどうなりますか？」

弁護士「直ちにどうということはないけど、不足する主張・疎明について追完を求められるだろうね。全件面接する東京地方裁判所とかだと、再面接ということになるかもしれません。そこで追完すれば発令されるでしょうけれど、時間のロスです。緊急性があるから申立てしているのですから」

若先生「本件で注意する点はありますか？」

弁護士「本件では、たとえば証貸しに関しては残額請求になるね。そうすると、債権残高の疎明を求められます」

若先生「残額請求は一部請求だと教わりました。そうすると、残高の疎明までは不要に思えますが……」

弁護士「考え方はさっきと同じです。債権残高の疎明ということは、本来、弁済されていない事実の疎明であって、弁済の抗弁の不存在事由

の疎明にほかならないのですが、金融機関にあっては、通常コンピュータで債権管理していますので、その情報の信用性は高いですし、その残高照会等の画面をプリントアウトすることも容易ですから、債権者が金融機関の場合、まず確実に提出を求められます。先ほど乙氏に渡した必要書類リストにも『貸金1本毎の個別明細』が記載されているでしょう」

若先生「債権の期限について質問です。先ほど先生は、本件債権の期限の利益が到来しているか気にされていましたが、民事保全法20条2項は、期限付きでも仮差押命令を発令できると書いてありますから、気にする必要はないのではないですか？」

弁護士「確かに期限未到来債権も被保全権利になります。しかし、その場合は、保全の必要性について相当高度なものを要求されます。実務では、期限が到来しているかしていないか、裁判官はかなり気にします。特に分割弁済の約定がある場合は、期限の利益が喪失されているか事前にきちんと確認する必要があります。もし『失期』（期限の利益喪失のこと。『期失』ともいう）していなければ、失期したうえで仮差押えの申立てをするのが王道です」

若先生「先生、本件では、債権が3口ありますよね、これ全部請求債権とするのですか？」

弁護士「それは、対象物件からの回収見通しと担保アンカバー分（保全不足）との両面から考えなければいけないね」

3　保全の必要性

弁護士「保全の必要性の要件として、民事保全法20条1項の『強制執行をすることができなくなるおそれがあるとき、又は強制執行をするのに著しい困難を生ずるおそれがあるとき』という一般的な要件がありますね。簡単にいえば、『執行不能』、『執行困難』ということで、『このまま放置すれば本執行の段階で執行ができなくな

るおそれ』ということになるけど、これ以外にも被保全権利の性質や状態から、保全の必要性の有無を考える必要があります」

若先生「被保全権利の性質云々というのは、どういうことですか？」

弁護士「本件では被保全権利として３口の債権が考えられます。先ほど、私は乙氏に聴いていたと思うけど、これら債権は担保付きの債権ですよね。これら債権を被担保債権として、Y社の倉庫に極度額１億2000万円の根抵当権が設定されています。仮にですが、この倉庫がたとえば１億円で処分できたとしたら、残元金4000万円に未収利息と損害金を加えても全額回収できます。そうだとすれば、担保によって債権がフルカバーされていて担保権の実行により債権全額の満足を受けられるのですから、現在においては債権を保全する必要性はなく、保全の必要性が否定されます。実務では、この場合も『保全の必要性がない』という言い方をしますが、理論的に厳密にいえば『権利保護の必要性がない』ということになるのでしょうね（瀬木比呂志『民事保全法〔第３版〕』158頁）。

若先生「本件では、確か担保評価額として2800万円だと乙氏は言っていました。そうすると、残債権額4000万円＋αには1200万円ほど足りないですね」

弁護士「担保でカバーされていないという意味でアンカバー部分とか担保の保全が効いていないので保全不足とかいいますが、このアンカバー部分は債権回収のめどがなく、『裸』のままですので、この部分については、仮差押えの保全の必要性が肯定されます」

若先生「破産手続において、別除権不足額についてのみ破産債権者として権利行使できること（破108条１項）とパラレルに考えればいいわけですね」

弁護士「考え方としてはそのとおりです。［関係図③］のアンカバー分が概念的には仮差押えの保全の必要性が認められ、権利行使可能な部分になりますね」

[関係図③]

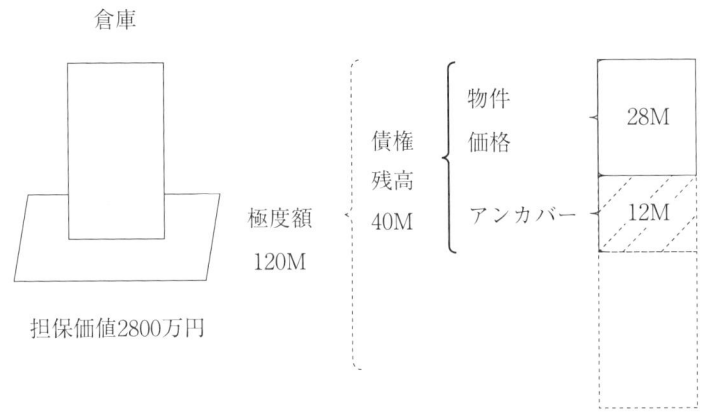

若先生「そうすると、本件では、1200万円が仮差押えの請求債権になるということですか？」

弁護士「そのとおり。だけど金額はざっくりしたもので確定ではないですよ。保全不足額を疎明する必要があります」

若先生「どうやって疎明するのですか？」

弁護士「理屈では『時価』ということになりますから、不動産鑑定士に鑑定してもらった鑑定書ということになるのでしょう。実務的には、簡易鑑定やしっかりした査定書でも何とかなります。もし固定資産評価証明書が手元にあるのであれば、それでもいいです」

若先生「先ほど、仮差押対象物件の評価の話の時に、ちらっと思ったのですが、仮差し対象物件の価額算定や剰余が出るとか出ないとか、その評価額というのは、固定資産評価額が基礎となるのですね」

弁護士「そのとおりです。もちろん鑑定書とかがあればそれを使うことになりますが、普通はありませんし、鑑定していたら機を逸しますので、固定資産評価証明、面倒なのでこれからは評価証明書といいますが、これを基礎に時価を推定することとなります。申立てにあたっては、評価証明書を必要書類として添付しますが、こ

れは本来、担保（保全保証金）を算定する際の目的物の基準として提出するものです」

若先生「本件では、残債権額から担保物件の評価額を差し引いた金額について保全の必要性が認められるわけですね」

弁護士「そのとおりです。それが現在における請求債権額の上限になります」

若先生「『現在』というのは？」

弁護士「将来、担保不動産の価額が減少するかもしれません。極端なことをいえば物件が滅失してしまうとか。その場合は、アンカバー部分が増えますから、その時点で保全の必要性が生じてくる場合があります」

若先生「その場合は、すでに1回、仮差押命令をもらっているのですから、一事不再理の原則に触れて、追加的に仮差押えすることはできないのではないですか？」

弁護士「過去そういう議論もありましたが、最高裁判所は、保全の必要性が認められる限り追加的な仮差押えを認めるに至っていますので（最決平成15・1・31民集57巻1号74頁）、追加的な仮差押え自体は禁止されているわけではないです」

若先生「本件では、Y社の代表取締役が連帯保証人になっています。そうすると、これを人的担保と考えれば、物的担保と同じように『保全されている部分』として考慮しなくていいのですか？」

弁護士「この場合は、考慮する必要はありません。仮差押えは何のためにやるのかといえば、現実的に債権の回収を図るためでしたよね。そのための法的手続とは、強制執行手続ですから、『執行不能』、『執行困難』になることを事前に防止するために仮差押え等の保全手続を行うわけです。強制執行は、判決などの債務名義に示された個々の債務者の個々の財産についてなされます。ですので、原則として、人ごとにその責任財産によって債権の満足を得られ

るかどうかを判断すればよいということになります。これは理屈です。現実的に考えれば、物的担保からの回収は、比較的容易にかつ高度の蓋然性を有しますが、保証等の人的担保の場合、執行するためには最低限債務名義を取得しなければならないし、その中で保証否認されるかもしれないし、債務名義をとったとして現実にどれだけ保証人の責任財産から回収を図れるか未知数ですから、債権者の権利保護の要請が高いといえますので、『保全』として考慮する必要はないという判断でしょう」

若先生「先生は『原則として』とおっしゃいましたが、原則どおりいかない例外もあるということですね」

弁護士「実務運用のレベルになるけれど、一定の場合には若干の考慮が必要になる場合があります。その話は、そのような事案があったときにまたお話しましょう（第3章参照）」

若先生「一般的な意味での保全の必要性、要するに『このまま放置すれば本執行の段階で執行ができなくなるおそれ』というのは、どのように考えればよいのでしょうか？」

弁護士「これは理屈としては何とも曖昧な部分があって、クリアカットに『こうです』とは言いづらいのですが、実務的には以下のように考えればよいと思います。

　　1つめは、被保全権利の疎明の程度です。本案での勝訴見込みと言い換えてもよいかもしれません。本案でほぼ勝訴が見込めるような事案であれば、相対的に保全の必要性はある程度抽象的なものでも足りるでしょう。

〔図3〕　勝訴の見込みと保全の必要性の関係

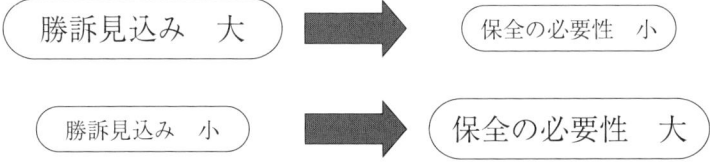

2つめは、仮差押対象物の性質による債務者への打撃の程度との関係です。たとえば、事業者が当座預金を仮差押えされたり、販売用商品等を仮差押えされたら死活問題で、大打撃を受けます。そのような場合は、相当高度の保全の必要性が必要でしょう。具体的には、他に執行可能財産がなく、資産の隠匿や消滅の現実的なおそれを推認せしめる具体的事実が存在するような場合です。ある程度類型化すると、動産＞債権＞不動産の順に債務者への打撃が大きくなると考えられるので、この順番で保全の必要性はより高度な物を求められることとなります。逆にいうと、責任財産として不動産が存在する場合、それを差しおいていきなり債権の仮差押えを求めても、保全の必要性なしとして判断されるということです。仮差押えをなすべき順番としていえば、〔図4〕のとおりです。

〔図4〕 仮差押えの順番と相対的な保全の必要性

次に、対象物の流動性や債務者にとっての必要性も考慮要素になります。これらが高いものは、保全の必要性として高度なものを求められ、逆に低ければ、それに応じて保全の必要性は軽減されます。不動産であっても販売用不動産＝商品であれば、仮差押えによって事実上、処分できなくなり商売に影響しますから相当高度な保全の必要性が求められるでしょう。逆に使い道のない遊休不動産であれば、気分的にはともかく、単に仮差押登記がされるだけですから、債務者への打撃は低く、保全の必要性は相対的に弱いもので足りるでしょう。債権であっても、供託金や敷金は、

　　　　　流動性に乏しく、債務者の事業や生計に与える影響が低いですから、やはり相対的に、保全の必要性は弱いもので足りるでしょう」
若先生「理屈はよくわかりました。本件ではどのように考えればよいですか？」
弁護士「本件は、金融機関の貸金債権ですね。そして、契約書等の疎明資料（証拠）もしっかりしています。債務者Y社も特に債権の存否について争っていないようですから、勝訴見込みは相当高いです。少なくとも敗訴するかもしれない事情が現時点では見当たりません。被保全権利の存在は、相当に堅いといえます。そして、対象物件は不動産で、現在利用していない旧社宅という遊休不動産ですので、仮差押えしてもY社に与える打撃は相対的に大きくはありません。そうすると、保全の必要性としては、『今すぐ押さえないと、強制執行するまでの間に本件物件が散逸しているおそれがある』という程度でも足りるでしょう。もっとも本件では、以下の事情も認められますので、それも保全の必要性として主張・疎明しておくに越したことはないです。
　　　　　・延滞が継続している。
　　　　　・本件物件（旧社宅）以外に所有不動産が見当たらない。
　　　　　・売上げ不振が継続していて、資金繰りのために資産を処分するかもしれない背景事情がある。
　　　　　・返済原資および返済意思に乏しく、任意弁済が期待できない。
　　　　　・Y社社長は、本件物件に担保を設定するような口吻を示している」
若先生「先生が今おっしゃられた事情ですが、具体的にはどのように疎明するのですか？」
弁護士「担当社員の『報告書』という形で、同人が見聞した事実をまとめます。乙氏に作成してもらうことになりますが、若先生のほうで

フォローしてあげてください」
若先生「わかりました」

4　回収方針
弁護士「乙氏から必要書類をいただいたら、若先生のほうで仮差押命令申立書を起案してみてください」
若先生「はい。よろこんで」
弁護士「細かい点は、資料をみてからですが、おおまかな方針について検討しておきましょう。まず現時点での戦略目標は、本件物件の強制競売によって債権の回収を図ることです」
若先生「はい。ですので債務名義を取得する必要があります。訴え提起して判決を取得することになると思うのですが、先生は支払督促にも言及されていましたね」
弁護士「おそらく訴え提起することになるとは思います。ですが、仮差押えが奏功して、債務者のほうもギブアップというか、債権の存否は争わないし、強制競売も仕方がないというのであれば、つまり支払督促をしても異議を出さないというのであれば、支払督促手続を使ったほうが回収費用を安くできますよね」
若先生「先生、確認ですが、支払督促を行って、債務者から異議が出されたら通常訴訟に移行するのですよね」
弁護士「そうです。ですので、異議が出されることが予想できるのであれば、最初から訴え提起をしたほうが時間の節約になります」
若先生「支払督促のほうが費用がかからないのですか？」
弁護士「申立手数料、つまり印紙代が、訴え提起の半額で済みます。また、訴額が140万円を超えていても、簡易裁判所の管轄になります。社員の人が許可代理人となって手続ができますので、弁護士費用を節約できます」
若先生「現時点では、訴え提起の方向で考えます。つまりその前提で仮差

押えの申立てを考えろということですね」

弁護士「そのとおりです」

若先生「先ほど少し議論しましたが、請求債権額は、保全不足分（担保アンカバー分）ということでよろしいですね。だいたい1200万円前後と見込まれますが」

弁護士「OKです。問題は、請求債権の特定をどうするかということですね。元金のみを考えても本件では以下の３口の債権があります。ちょうどよいことに①、②の債権口は、1200万円ですので、どちらか１本のみの元金全額プラス利息・損害金を請求債権にするという考え方もできますし、あるいは、①～③の債権を残元本額に応じて按分比例（①：②：③＝１：１：２）し、全債権口を請求債権としたうえで、各元金の一部請求をするという考え方もできます。もっともこれは、どの債権口に充当するかという問題もありますので、クライアントと協議して決めましょう」

〈表２〉 請求債権の特定（〈*Case* ①〉）　　（Mは百万円）

	種別	残元本額	請求債権12Mの按分額
①	手貸し	10M	3M（12M×1/4）
②	証貸し	10M	3M（12M×1/4）
③	証貸し	20M	6M（12M×1/2）
合計		40M	12M

若先生「わかりました。請求債権額を固めたうえで、乙氏に聴いてみます」

弁護士「管轄ですが、本件では、対象物件の所在も債権者、債務者の住所地（本店所在地）もすべて東京都23区にありますので、東京地裁に申立てします。東京地裁では、民事第９部という保全事件の専門部がありますので、そこでの審理になります。裁判所のホームページ〈http://www.courts.go.jp/tokyo/saiban/minzi_section09/index.html〉(平成25年7月現在)で、手続についての説明がされていますので、参考にしてください」

若先生「東京地裁の場合、何か特色はありますか？」

弁護士「全件債権者との面接（債権者審尋）を行う運用がとられていますので、裁判官との面接があります」

若先生「先生、私が修習した裁判所では基本的に書面審理だけだったのですが、債権者面接なんか行うと時間がかかる気がするのですが？」

弁護士「いやそうでもなくて、逆に早いかもしれない。即日申立て、即日面接が可能ですし、問題がなければその場で発令の内示が受けられます。若干問題があっても面接の場で訂正できればそれでOKですし、口頭でやりとりできますから、追完が必要でも迅速に対応できます」

若先生「起案するにあたって、何か注意する点はありますか？」

弁護士「保全の必要性を主張するという以外では、普通の訴状、準備書面の起案と変わりはないです。しかし、保全・執行事件では、各種目録が極めて重要な位置を占めます。これら目録が、決定書の内容となるからです。ですので、目録の記載はとりわけ慎重に記載してください。特にミスしやすいところとして、登記事項証明書（登記簿謄本）上の記載と他の書類上の記載に食い違いがある場合、両方を記載しておく必要があります。これは、仮差押えの執行として仮差押登記を行う必要があるので、登記記録との同一性を明確にしておかないと、登記官が困惑してしまうからですね」

（記載例）　保全執行事件における目録

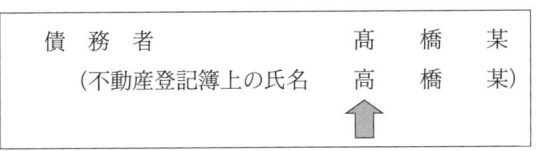

```
債　務　者　　　　　　　　髙　橋　某
　（不動産登記簿上の氏名　高　橋　某）
                          ⇧
```

若先生「目録類の定型的な書式はありますか？」

弁護士「先ほど話した裁判所のホームページでは基本的な事案での記載例が掲載されていますが、ちょっと物足りないでしょうね。多くの裁判所では、東京地裁保全研究会編『書式民事保全の実務』（現在は、全訂五版）を定型書式として使っているようで、東京地裁などでは、面接の時に裁判官が引き出しからこの書籍を出して、『このとおり書いてください』と指導することもあります。この文献に準拠して記載すれば大きな訂正が入ることはないです」

若先生「各種目録というと、不動産仮差押えでは、『当事者目録』、『請求債権目録』、『物件目録』ですね」

弁護士「そのとおりです。それぞれ『トウモク』、『セイモク』、『ブツモク』と略してよんでいます。この用語も裁判所の職員は普通に使用しますから、慣れておいたほうがよいでしょう」

若先生「申立書起案とは離れますが、仮差押えの『担保』について教えてください」

弁護士「民事保全法４条の『担保』ですね。私は、『担保』というと抵当権等の担保と紛らわしいし、クライアントが混乱する場合もままあるので、『保全保証金』と言い添えるようにしています」

若先生「担保って何のためにあるのですか？」

弁護士「先ほどちょっと話したけれど、仮差押えや仮処分等の保全命令は、暫定的なものにすぎないうえに、密行性があるから、原則として相手方の言い分を聴きません。もし保全命令が間違っていたら、つまり本案で債権者が敗訴して確定したら、債務者は相当の損害を被りますので、その場合の債務者の債権者に対する損害賠償請求権を担保するためのものです」

若先生「恥ずかしい話なのですが、保全保証金ってどこに収めるのですか？　裁判所に払えばいいのですか？」

弁護士「違います。法務局に供託するのが一般的です」

若先生「供託以外にも方法があるのですか？」

弁護士「支払保証委託、『ボンド』と言っていますけれど、『ボンド』による方法もあります。金融機関が保全保証金を保証する方法です。保証料はとられます。金融機関に保証してもらうための担保として、債権者は、その金融機関に保全保証金と同額の定期預金を積むことになります。供託所（法務局）にお金を預ける代わりに、金融機関に定期預金の形でお金を預けるというイメージです」

若先生「ボンドはよく利用されるのですか？」

弁護士「預金金利が高かった頃は、定期の金利から金融機関の保証料を差し引いても、供託利息より利率がよかったのでよく利用されていました。しかし、最近（平成24年現在）は、金利が大きく下落し、金融機関の保証料のほうが預金金利より高くなってしまう逆ざや状態になってしまいました。ボンドを使うと、提供した預金が現実的に目減りしてしまうので、最近（平成24年現在）は供託が主流です」

若先生「保全保証金は、戻ってきますよね？」

弁護士「債務者の損害賠償請求権担保のためのものですから、損害賠償請求権が発生しないことが確定した場合や、債務者が担保（保全保証金）の取消しに同意している場合には、担保取消決定（民保4条2項、民訴79条）を得たうえで、返還してもらうことができます。正確には、供託金取戻請求権が発生します」

若先生「損害賠償請求権が発生しない場合とは、具体的にどのような場合ですか？」

弁護士「民事保全法4条2項が準用する、民事訴訟法79条1号から3号に規定されていて、それぞれ『1号取消し』、『2号取消し』、『3号取消し』と言います。

　1号取消しとは、本案の勝訴判決が確定したとき、2号取消しとは、債務者が担保取消しに同意したとき、3号取消しとは、権

　　　　利行使催告をしたにもかかわらず、債務者が権利行使（損害賠償
　　　　請求）しないとき、です。
　　　　　3号は、債権者が本案で負けてしまったような場合が想定され
　　　　ますが、このような場合、債務者が損害賠償請求するかどうかわ
　　　　からないのに、いつまでも保全保証金を提供したままというわけ
　　　　にもいかないので、権利行使を促し、一定期間（通常は2週間）
　　　　内に権利行使がされなかった場合は、債務者の同意があったとみ
　　　　なす趣旨です」
若先生「保全保証金の金額はどうやって決めるのですか？」
弁護士「ひとことで言えば裁判官の判断だけれど、被保全権利の疎明の程
　　　　度と当該仮差押えが債務者に与える打撃の大きさを考慮要素にし
　　　　ます。考え方としては、先ほど話した保全の必要性の判断基準と
　　　　同様です。被保全権利の疎明の程度が高ければ、つまり、勝訴が
　　　　堅ければ堅いほど保全保証金額は安くなります。また、債務者へ
　　　　の打撃が小さければ小さいほど同様に保全保証金は安くなります。
　　　　債務者への打撃は、一般論としていえば、動産＞債権＞不動産の
　　　　順に低くなっていきますので、保全保証金の金額もそれに応じて
　　　　低減していきます」
若先生「具体的な基準表はないのですか？」
弁護士「裁判所が公開しているものはありませんが、司法研修所で配布さ
　　　　れたと思うけれど、司法研修所編『民事弁護教材改訂民事保全
　　　　〔補正版〕』28頁に基準表が載っています。これが参考になると思
　　　　います」
若先生「実務感覚としてはどうですか？」
弁護士「金融機関の貸金債権を被保全債権とする場合ですが、この場合の
　　　　感覚としては、東京地裁で、〈表3〉のとおりですね。東京地裁
　　　　よりも地方の裁判所のほうが低額な印象はあります」
若先生「何となくですが保全事件のイメージが湧きました。後は実践ある

のみですから、書類が整ったら早速起案しますのでまたアドバイスしてください」

〈表3〉 保全保証金の目安（実務感覚）

不動産仮差押え	対象物件の剰余価値を基準として中央値10％で8％〜15％程度の間
債権仮差押え	請求債権額を基準として中央値20％で15％〜30％程度の間

弁護士「了解です。保全事件は、As soon as possible でね」

III 申立書起案

1 申立てにあたって

打合せの翌日、乙氏が必要書類を事務所まで持ってきてくれた。

ただし、評価証明書は、サービサーの従業員が取得するとなると手続が面倒で（代表取締役の委任状等が必要になる）取得に時間がかかるとのことであったため、事務所で取り寄せることとし、即日、秘書に近場の都税事務所（東京都23区に所在する不動産の評価証明書は、どこの都税事務所でも取得できる）まで取りに行ってもらった。

評価証明書による本件物件（旧社宅）の評価額は、それぞれ以下のとおりであった。

・土地　　2200万円
・建物　　 700万円
・合計　　2900万円

本件物件の剰余価値は、

評価額2900万円−被担保債権2000万円＝900万円

一方、X社の保全不足額は、

> 評価額2800万円－被担保債権4000万円＝▲1200万円

である。

　不動産の登記事項証明書（不動産登記簿謄本）は、ぎりぎり1カ月以内のものを乙氏は持ってきてくれたが、甲弁護士から「その1カ月の間に、物件が変動されていた経験があるので、直近のものをとったほうがよい」とアドバイスされたことから、直近のものをとり直したところ、幸いに変動はなかった。

　請求債権の特定（3口の債権口のうち、どの債権を使うか？）について、乙氏に聴いてみたところ、残元金額1000万円の手形貸付を使用してほしいとのことであったので、これを用いることにした。

　報告書は、X社におけるY社担当者である乙氏が作成してくれることとなったので、若先生が報告書に記載すべき以下①〜⑦の内容をアドバイスし、乙氏に作成してもらった。

① 貸付および債権譲渡の概要
② Y社が延滞に至った経緯
③ Y社の現在の返済状況
④ Y社との交渉の経緯およびその内容
⑤ Y社の財務状況
⑥ 本件物件の担保設定状況と剰余価値
⑦ X社における債権の保全状況

2　申立書作成のポイント

　若先生は、甲弁護士のアドバイスを受けながら申立書（【書式2】）を起案した。以下、申立書作成にあたってのポイントを解説する。

【書式2】 不動産仮差押命令申立書（《Case ①》）

不動産仮差押命令申立書

平成24年5月1日

東京地方裁判所民事第9部　御中

　　　　　　　　　　　債権者代理人(注1)弁護士　甲（弁護士）
　　　　　　　　　　　同　　　　　　　　　　若（先生）
　　　　　　　　　　　当事者の表示
　　　　　　　　　　　請求債権の表示　　別紙目録記載のとおり
　　　　　　　　　　　物件の表示

申立の趣旨(注2)

　債権者が債務者に対して有する前記請求債権の執行を保全するため、債務者所有の別紙物件目録記載の不動産は、仮にこれを差し押さえる。との裁判を求める。

申立の理由

第1　被保全権利
1　（基本約定の成立）(注3)
　Ａ銀行株式会社（以下「Ａ銀行」という。）は、平成20年1月9日、債務者との間で下記約定により銀行取引契約（以下「基本約定」という。）を締結した（甲1・銀行取引約定書）。

記

　i　Ａ銀行と債務者間の手形貸付、手形割引、証書貸付、当座貸越、債務保証、外国為替、デリバティブ取引、保証取引その他債務者がＡ銀行に対して債務を負担することとなるいっさいの取引に関して基本約定の各条項を適用する（第1条第1項）。
　ii　債務者がＡ銀行より手形によって貸付を受けた場合には、Ａ銀行は手形または貸金債権のいずれによっても請求することができる（第2条）。
　iii　債務者がＡ銀行に対する債務を履行しなかった場合には、支払わなけ

ればならない金額に対し年14％の割合の損害金を支払う。この場合の計算方法は年365日の日割り計算とする（第3条2項）。（注4）
2　（請求債権の成立）（注5）
　A銀行は、平成23年4月1日、債務者に対し、手形貸付の方法により、弁済期平成23年5月1日とする約定で金1000万円を貸し渡した（以下「本件債権」という。甲2の1、2・約束手形）。
3　（期限の経過）（注6）
　平成23年5月1日は経過したが、債務者は本件貸金の支払を怠った。
4　（債権譲渡）
　A銀行は、平成23年12月3日、本件債権を債権者に譲渡し、同月4日債務者到達の確定日付ある書面によりその旨の意思表示をした（甲2の2・約束手形裏面、甲3の1、2・債権譲渡通知及び同配達証明）。
5　（現在債権残高）（注3）
　① 申立日現在の本件債権の残元本は、金1000万円である（甲4・債権明細票）。
　② 申立日現在の本件債権の確定損害金は、金140万円である（残元金1000万円×利率14％×365日／365日）。（注4）
6　（被保全権利まとめ）（注7）
　よって、債権者は債務者に対し、本日現在金1140万円の貸金返還請求権及び遅延損害金請求権を有する。
第2　保全の必要性
1　債権者は債務者に対し、譲受債権請求訴訟を提起するべく準備中である（甲5・報告書）。
2①　債権者は、本件債権の他に、債務者に対し下記債権を有し、その貸付総額は、元金ベースで4000万円である。（注8）

記

	貸付日	種別	当初元金	残元金	疎明資料
i	・・	証貸し	5000万円	1000万円	甲6の1、甲4
ii	・・	証貸し	6000万円	2000万円	甲6の2、甲4

　②　債権者は、上記債権を担保するため、別紙担保目録（略）記載の不動産に第1順位の根抵当権を有しているところ（甲7の1、2・不動産全部事

項明書)、その評価は、金2800万円に過ぎず(甲8・鑑定書)、金1200万円の保全不足の状況にある(甲5)。
③ 一方、別紙物件目録記載の不動産(以下「本件物件」という。)には、B銀行が1番根抵当権を設定しているが(添付資料参照)、本件物件の評価額は金2900万円であるところ(添付書類参照)、その被担保債権の残額は金2000万円に過ぎず(甲9・債務者決算書)、本件物件には剰余価値がある。
　なお、本件物件は、債務者が社宅として利用していたものであるが、現在、入居者はおらず、債務者の事業の用に供されていない。(注8)
3　債務者には、本件物件の外にめぼしい資産は見あたらない。
　債務者は、売上げ不振によりA銀行への返済を怠るに至り、直近の決算を見ても営業損失が発生している状況である。延滞発生後に任意弁済は行われておらず、債権者との返済交渉も行き詰まり、今後任意弁済がなされる可能性は乏しい。債務者の代表者は、その交渉において、本件物件に新たな担保権を設定するかの如き口振りを示している(甲5)。
　債権者は、債務者に対し、譲受債権請求訴訟を提起すべく準備中であるが、上記事情に鑑みれば、債務者の本件物件の処分行為等により、債権者が勝訴判決を得てもその執行が不可能となる可能性が高い。よって、本件仮差押命令の申立に及んだ次第である。

疎明方法(注9)

　　甲1　　　　　銀行取引約定書
　　甲2の1、2　 約束手形表面及び裏面
　　甲3の1、2　 債権譲渡通知及び同配達証明
　　甲4　　　　　債権明細票
　　甲5　　　　　報告書
　　甲6の1、2　 金銭消費貸借契約書
　　甲7の1、2　 担保物件・不動産登記全部事項証明書(土地・建物)
　　甲8　　　　　担保物件・鑑定書
　　甲9　　　　　債務者決算書

添付書類(注10)

甲号証写し	各1通
資格証明書（履歴事項全部証明書）	2通(注11)
不動産登記全部事項証明書	2通
固定資産税評価証明書	2通
委任状	1通

以上

当事者目録

〒100-0000　東京都○区○町○丁目○番○号
　　　　　　債　　権　　者　　　X債権回収株式会社
　　　　　　上記代表者代表取締役　○　○　○　○

（送達場所）
〒100-0000　東京都○区○町○丁目○番○号
　　　　　　債権者代理人弁護士　　甲(注1)
　　　　　　　　　　　　　　　　　若
　　　　　　tel　03-0000-0000
　　　　　　fax　03-0000-0000

〒100-0000　東京都○区○町○丁目○番○号
　　　　　　債　　務　　者　　　Y株式会社
　　　　　　上記代表者代表取締役　○　○　○　○

請求債権目録

金11,400,000円

　ただし、申立外A銀行株式会社が債務者に対し、平成23年4月1日、弁済期を同年5月1日、遅延損害金年14％（365日の日割計算）の約定で貸し渡した金1000万円につき、債権者が平成23年12月3日、申立外A銀行株式会社か

ら上記債権を譲り受けたことに基づき、債権者が債務者に対して有する上記貸金元本債権金1000万円及びこれに対する平成23年5月2日から平成24年5月1日まで年14％（365日の日割計算）の割合による遅延損害金140万円の合計額。(注4)

物件目録

1　所　　在　　○区○○○丁目
　　地　　番　　○番○
　　地　　目　　宅地
　　地　　積　　○○．○○平方メートル

2　所　　在　　○区○○○丁目○番地○
　　家屋番号　　○番○の○
　　種　　類　　居宅
　　構　　造　　鉄筋コンクリート造陸屋根2階建
　　床 面 積　　1階　○○○．○○平方メートル
　　　　　　　　2階　○○○．○○平方メートル

（注1）　細かい点だが、油断すると「○○訴訟代理人」と記載してしまう場合がある。保全事件は、「訴訟」ではないので、「訴訟代理人」は間違いで単に「代理人」、債権者であれば「債権者代理人」となる。
　　　　申立書であれば、訂正印で訂正できるが、当事者目録に誤記があった場合、目録の差替えとなるので注意が必要である。
（注2）　「申立の趣旨」は、仮差押えまたは係争物に関する仮処分にあっては、ほぼ定型であるため、書式集の記載どおり書けば問題ない。
（注3）　〈*Case* ①〉では、保全不足額が1200万円ほどあり、請求債権の元本1000万円を超えていた。甲弁護士と乙氏と協議のうえ、年14％の遅延損害金も付加して請求債権とすることにした。
　　　　債務者に対する「物件の保全」という意味では、元金1000万円の請求債権で十分「保全」になり、X社の保全不足額1200万円をフルに使う必要はないが、強制競売に手続が進行し、他の一般債権者と競合した場合、配当は債

権額の按分となるので、債権額が少なくないと取り負けするリスクがあり、保全不足額全額である1200万円の範囲に収まる遅延損害金も付加した。

　疎明資料として、手形貸付用の約束手形を出せば簡単に済むと思っていたが、約束手形の券面上、遅延損害金の記載がない。年14％の割合による遅延損害金を請求するためには、その旨の合意の存在を主張・疎明しなければならないところ、取引基本契約である銀行取引約定書に包括的な遅延損害金に関する条項があるので、銀行取引約定書の成立から主張・疎明することとした。

(注4)(1)　利息・損害金の計算方法に特約がある場合、金融実務では、「365日の日割計算」とすることが多い。カッコ書きでよいのでその旨は記載しておく。特に、請求債権目録に「365日の日割計算」と記載しておきながら申立書本文にその主張がないと、その特約の主張と疎明を裁判官から求められることとなる。ただし、疎明といっても、銀取（銀行取引約定書）か金証（金銭消費貸借契約書）を提出すればよい。

(2)　遅延損害金を請求する場合、理論上は、現在までに発生している確定損害金部分と、現在以降支払済みまで発生する将来請求の部分に分かれる。訴訟では、「支払済みまで年〇％の割合による金員」として、将来請求分も請求するが、仮差押えの場合、実務上の運用として申立ての日までの損害金を確定する必要がある。つまり、利息・損害金の終期は、遅くとも申立日までである。これは、請求債権額が確定していないと、債務者にしてみれば請求債権がどれだけ膨らむのかの予測がつかず、打撃となるためである。

(注5)(1)　本件は、手形貸付であり、

　　A　約束手形に基づく手形金請求
　　B　原因債権としての貸金請求

A、Bの両債権を貸主は併有し、判例上（最判昭和23・10・14民集2巻11号376頁）も特約上（銀行取引約定書2条）も、Ｘ社は、いずれかの債権を任意に選択して行使できる。

　今回は、Ｂの原因債権としての貸金債権を選択したが、その理由は、銀行実務上、手貸しの場合は貸金債権で請求することが通例であること、そして、手形金請求だと券面上記載のない年14％の遅延損害金を請求できな

いためである。
	(2) 未収利息の記載がないが、これは、手貸しの場合、通常は前取り利息（貸付時に元金から利息分を差し引いた金員を債務者に交付する）であり、すでに利息は回収済みで未払利息が生じていないためである。
(注6) 要件事実の話となるが、貸金返還請求だけであれば、要件事実は「弁済期の到来」のみでよく、「平成23年5月1日は到来した」との記載で十分である。遅延損害金も請求する場合は、要件事実は、「弁済期の経過」になるので、「平成23年5月1日は経過した」になる。
　「債務者は本件貸金の支払を怠った」との記載は、要件事実的には全く不要であるが、記載しないと締まりがないので、実務的には書くことが多い。
(注7) いわゆる「よって書き」であるが、厳密に訴訟物を記載する必要はなく、請求債権の特定ができる程度の記載で十分である。
(注8)(1) 権利保護の必要性に関して、保全不足額の主張・疎明を行う必要があるが、本件請求債権である手貸し1000万円＋αのみでは、担保フルカバーとなってしまい権利保護要件を欠くことになる。そこで、担保物件につき、債権者が有している被担保債権の存在とその額をすべて主張・疎明し、保全不足が生じていること＝権利保護の必要性があることを示す必要がある。
	(2) 対象物件に剰余価値があることと、遊休不動産であって債務者への打撃が少ないことの主張・疎明である。
　剰余価値の有無や額は裁判官が気にするところであり、後で追完を求められたりすると時間がもったいなく、また、担保（保全保証金）額を決定する際に、金額を下げさせる考慮要素となるので申立書の段階で記載したほうがよい。
(注9) 疎明資料番号として、昔は「疎甲○号証」という振り方をしていて、現在でもそのように番号を付ける例も多いが、単純に「甲○号証」でよい。
　証拠説明書の添付は要求されていないので、本件のように、証拠の標目からして文書の性質やその立証趣旨（疎明趣旨）が容易に判明するものは証拠説明書を特に添付する必要はないが、証拠の標目自体から、これらが一見して判明しないような場合は、証拠説明書を添付したほうが審理がスムースに進む。
(注10) 民事保全規則6条、民事訴訟規則15条において、法人の代表権または申

立行為をするについての必要な権限（例として支配人登記）を証する書面として添付が求められる当事者の資格証明書と民事保全規則20条1号において、添付を求められている資料である。

　不動産仮差押えの場合、対象不動産の登記事項証明書（登記簿謄本）と不動産の価額を証する書面としての評価証明書がこれにあたる。これらはもちろん原本を提出する必要がある。

　添付書類を疎明資料としても使用したい場合は、たとえば、「甲〇号証」のように番号を振ったうえで、原本を提出し、申立書の添付書類の記載に、以下のとおり付記すればよい。

添付書類	
甲号証写し	各1通
資格証明書（履歴事項全部証明書）	2通
不動産登記全部事項証明書（甲〇号証と兼用）	2通
固定資産税評価証明書（甲□号証と兼用）	2通
委任状	1通

（注11）　資格証明書として、一般的には、いわゆる商業登記簿謄本または抄本が考えられる。

　代表権限等を証するという趣旨からすれば、登記簿抄本（代表事項証明書）で足りるが、登記簿謄本（現在事項全部証明書、履歴事項全部証明書）と現在は手数料が変わらなくなったため、あえて登記簿抄本を取得して提出する意味はない。

　謄本の場合、現在事項全部証明書（現在効力のある登記事項のみ記載されている）と履歴事項全部証明書（約3年分の抹消された登記事項の記載もある）があるが、法人の変動（本店移転、商号変更）がわかる履歴事項全部証明書を提出したほうがよい。

　ただし、履歴事項が多いと、登記事項証明書が無意味に厚くなり、手数料も高くなるので、履歴事項の疎明が必要ない場合は（たとえば役員の変動等）、現在事項全部証明書を提出することが多い。

IV 申立て〜裁判官面接

1 受付と面接時間

　起案も終わり、X社の了解も得たので、いよいよ仮差押えの申立てを行うことになった。

　東京地方裁判所の場合、既述のとおり全件債権者面接する運用となっており、申立日に即日面接することも可能であるし、面接の予約も可能である。

　以下に東京地方裁判所での受付事務の取扱いを記す（裁判所ホームページより抜粋。なお、下記は平成25年7月現在の運用である）。

1　受付時間は、正午から午後1時を除いた午前8時30分から午後5時まで。
2　当日面接の場合
　　面接時間は、午前11時〜午後4時30分（ただし、正午〜午後2時を除く。）。当日面接は、受付審査が終了してから、裁判官面接までは、2時間30分程度を要する。ただし、事案が複雑であったり、面接・審尋の期日が立て込んでいる場合は、当日の面接ができない場合もある。
3　予約枠の場合　　予約枠は、翌（開庁）日及び翌々（開庁）日の午前10時又は午後1時30分。翌（開庁）日午前10時の面接は、前（開庁）日午後3時30分ころまでに受付審査が終了している必要がある（従って、前（開庁）日の午後1時までに受付審査が終了している必要がある。なお、予約枠は、面接日の裁判官数の関係で予約できる件数に限りがある。

　若先生は、即日面接することとした。即日面接する場合、面接は午前11時から正午、午後2時から午後4時30分の間で、受付審査から面接まで約2時間30分が必要とのことである。午後2時に受付すれば、ぎりぎり当日面接できそうであるが、面接枠は、比較的早く埋まってしまう場合があるので、急ぐ場合は、朝一番の午前8時30分に受付したほうがよい。

　若先生は、午前8時30分に受付することとした。

2　申立書の準備等

受付時に提出するものは、以下の書類である。
- 申立書正本（2000円の印紙貼付）　　1通
- 添付書類原本（資格証明書、委任状、不動産登記事項証明書、固定資産税評価証明書）
- 疎明資料写し　　各1通

印紙のほかに、費用として、予納郵券、登録免許税が、書類として、目録類が必要となるが、これらは発令時に提出するので、申立て時に提出する必要はない。

3　受付手続

　東京地裁の保全専門部である民事9部の場所は、東京地方・高等・簡易裁判所合同庁舎2階北側（法務省レンガ建物寄り）である。

　民事9部の中でも、発令係、取消係、弁論係等でそれぞれ受付窓口が異なっている。保全事件の申立ての場合は、発令係の窓口で受け付けてもらうこととなる。

　窓口には、番号札発券機があるので、「申立書の受付」のボタンを押し、番号札を受け取ったら、控え室でよばれるのを待つ。この間、裁判所職員が申立書の形式審査を行っている。

　順番がくると番号がよばれるので、受付窓口に行く。ここで、申立書に明白な不備等があると補正を求められる。特段の不備がなければ、裁判所職員から面接枠が空いている範囲で面接希望時間を聴かれるので、希望する面接時間を面接簿に記入してもらう。面接枠がすでに埋まっている場合には、翌日に予約枠で面接期日を入れてもらうこととなる。

　以上で受付手続は終了となる。

4　面　　接

　若先生は、午前8時30分に民事9部に赴き、1番札を引くことができた。

申立書にも明白な不備はなかったので補正もなく、無事午前11時の面接枠がとれた。

　面接まで若干時間が空いたので、若先生は一度事務所に戻った。

　若先生「無事受付終わりました。11時で面接 OK です」

　弁護士「お疲れ様。面接ですが、私も行きますね」

　若先生「いや、先生、私1人で大丈夫ですよ」

　弁護士「いやあ、そうは言っても初体験だし、心配だから一緒に行きますよ。余計なことは言わないから」

　若先生「じゃあ、お願いします」

　午前11時になったので、2人は再び民事9部に赴いた。

　発令係の受付窓口にある予約簿に出席の署名をして、控え室で待っていると、ほどなくアナウンスが流れる。

　「若さん、丙裁判官が担当です。裁判官室○番の机にお進みください」

　よばれたので若先生らは、控え室左隣の裁判官室に入室する。裁判官室は、かなり広く、壁と窓に沿って、裁判官の机が10個ほどずらりと並び、その奥にそれぞれ裁判官が控えている。裁判官の机の前には、それぞれ番号札が貼ってあり、椅子が2脚ほど並んでいる。その椅子が債権者の席になる。2人は、担当の丙裁判官の席を探し、その前に座った。

裁判官「担当裁判官の丙です。まずはこれをお渡しします」

　この時、受付票が渡され、事件番号がわかる。東京地方裁判所民事9部では、申立書控えへの受付印の押印等はしないので、この受付票が受理されたことの証明になる。

【書式3】　保全申立て受付票

```
                受　付　票
                （面　接　票）

  平成24年(ヨ)第　X　号
```

東京地裁民事第9部（2F 北側）
受付年月日 ＿＿＿＿＿＿＿＿＿

担当裁判官 ＿＿＿＿＿＿＿＿＿丙＿＿＿＿＿＿＿＿＿
　　　　　　　　　　　　　　（担当書記官　　　係）

※ご注意
　　申立書の訂正、疎明資料の追完又は審尋、再面接等について質問がある場合には、事件番号、担当裁判官名、担当書記官の係を告げて、発令係まで申し出てください。

　　　　　　　　　　　　　　東京地方裁判所民事第9部受付

　　　電話（発　令　係）(03)3581─××××　　　｜
　　　　　　　　　　　　　　　　　　 ××××　　 ｜（ダ
　　　　　　　　　　　　　　　　　　 ××××　　 ｜イ
　　　　　（取　消　係）(03)3581─3441　　　｜ヤ
　　　　　　　　　　　　　　　　　　 3453　　　｜ル
　　　　　（弁　論　係）(03)3581─3456　　　｜イ
　　　　　　　Ｆ Ａ Ｘ (03)3595─××××　　　｜ン）

　若先生「債権者代理人の甲と若です」
　裁判官「では早速ですが、まず訂正からやりましょう」
　申立書等は、すでに記録として編纂されていたが、何カ所かに付箋が貼ってある。
　裁判官「誤字脱字なんですが、こことここと、ここですね。訂正をお願いします。訂正印でいいですよ」
　若先生は職印を持参することを忘れていた。
　若先生「あの……すみません職印を忘れて……」
　弁護士「私が持っていますので、私の印で訂正しましょう」
　甲弁護士は、訂正箇所を二本線で消して、正しい記載をしたうえで訂正印を押していく。面接の場で訂正を求められることが多いので、<u>面接の際には</u>

職印を忘れないようにする。
　裁判官「目録については、今のところ修正がないようですが、発令の時に書記官から訂正が入るかもしれませんのでよろしくお願いします」
　若先生「はい……」
　裁判官「では、原本確認しましょうか」
　若先生「はい？」
　裁判官「疎明資料の原本です」
　若先生は、疎明資料の原本を持参することを忘れていた。原本確認は必ず行われるので、面接の際には原本を忘れないようにする。
　若先生「たびたびすみません。失念していました……」
　弁護士「私が持ってきました」
　裁判官は、甲号証写しと原本の照合を行う。
　裁判官「はい結構です。ありがとうございました。さて、中身の問題なのですが、甲1号証をみてもらえますか？　債務者の本店所在地です。現住所と違っていますよね」
　若先生「本当だ」
　裁判官「同じ会社だとはわかりますが、つながりをつけてください。再面接まではいらないので、発令までに疎明資料を追完してください」
　若先生「つながりとは……」
　弁護士「銀取に記載のあるY社と、債務者であるY社が同一の法人であることを示すんです。要は、本店移転しているので、商業登記簿上、本店が現住所地に移転されたことを示せばいいのです。3年以上前だったので、履歴事項全部証明書には残念ながら記載されていなかったね。そんなこともあろうかと、閉鎖事項証明書（閉鎖登記簿謄本）をとって、持ってきました。裁判官、これを追完します」

裁判官「はいわかりました。つながっていますね。これでいいです。そうすると、発令することになりますが、担保はどれくらいをお考えですか？」

若先生「90万円ではいかがでしょう？」

裁判官「剰余価値900万円の10％ですね。それでいいです。この上申書の提出をお願いします」

【書式4】 上申書

平成〇年〇月〇日

東京地方裁判所
　民事第9部　御中

上　申　書

　平成〇年(ヨ)第〇〇〇号仮差押命令申立事件につき、仮差押命令申立書別紙物件目録記載の不動産の価格（剰余価値）は、下記の金額であると思料します。

債権者（代理人）　甲野太郎　㊞

記

金　〇〇〇,〇〇〇円

弁護士「今、書いて提出します」

裁判官「ありがとうございます。担保提供期間はどれくらい必要ですか？」

若先生「え……10日くらいですか？」

裁判官「ご冗談を」

弁護士「若先生、通常1週間までです。それ以上かかりそうな場合は、延長の上申を出す形で対応するんですよ。裁判官、それほどかからないと思いますが、念のために1週間でお願いします」

裁判官「わかりました。供託でいいですね？」

裁判官は、供託かボンド（支払保証委託）のどちらの方法かを聴いている。

若先生「はい」

裁判官「では、担保額90万円を供託する。担保提供期間は１週間ということで担保決定します。お疲れ様でした」

民事保全法14条１項、４条１項の担保決定である。同法14条１項は、担保を立てさせる場合、

① 担保を立てさせてから発令する方法

② 一定の期間に担保を立てることを条件として発令する方法

の２種の規定をおいているが、①の方法が一般的であり、東京地方裁判所でも①で運用されている。したがって、担保を立て（供託し）、裁判所がその受入れ手続を行った後に正式発令となる。

5　面接後の用意

若先生「先生、ありがとうございました。いてくれて助かりました」

弁護士「慣れていないと、予想もしないことを言われるでしょ」

若先生「はい。債務者の現住所が銀取の記載と違うなんて気にしませんよ。細かすぎませんか？」

弁護士「その細かさが保全の保全たるところで、実務の勘どころだね。これが訴訟であれば、相手方たる被告が否認するか争わない限り、当然に法人は同一だろうということでスルーしてしまいますけれど、保全は、何せ相手方の言い分を聴きませんから、債権者ができる範囲でかなり細かいことまでつじつまを説明する必要があるのですよ」

若先生「あっけなく終わってしまったんですが、この後は供託するんですよね？　供託の原因証書などで、担保決定書などをもらえるのですか？」

弁護士「そんなものはありません。告知のみです。供託書に所定の記載をして、法務局で手続すれば、問題なく受け入れてくれます。法務

局は、供託書正本を交付してくれるので、後は供託書正本を裁判所に提出（受入れ手続）をして、目録類、予納郵券もあわせて提出して、登録免許税を納付すれば発令となります。勉強ですので、一連の手続を若先生のほうですべてやってみてください」

V 供託〜発令

1 供託準備

発令内示、すなわち担保決定を受けた段階で、担保（保全保証金）に相当する金額を依頼者に用意してもらう必要がある。法人等の場合、出金手続に時間を要する場合があるので、事前に担保金額のおおよその見通しと、資金が必要となる日時を伝え、該当日に確実に出金できるように段取りしておいたほうがよい。

弁護士が代理人として供託する場合、供託用委任状（【書式5】）、その取戻しのためにも委任状（【書式6】）が必要となるので、保全事件の委任状を依頼する際にあわせて依頼しておいたほうが時間の節約になる。

【書式5】 供託用委任状

供託委任状

私は、次の弁護士を代理人と定め、下記の事件に関する各事項を委任します。

　　○　○　弁護士会所属
　　弁護士　○　○　○　○
　　電　話　00-0000-0000
　　FAX　00-0000-0000

記

供託者　（債権者）　○　○　○　○

被供託者(債務者) ○ ○ ○ ○
事件名 ○○裁判所平成○○年(ヨ)第○○○号
 不動産仮差押命令申立事件
 上記事件に関し、不動産仮差押命令申立事件の保証として金○○○○円を○○法務局に供託する件及びこれに付帯する一切の件。

平成○○年○月○日

住 所 ○○県○○市○○1-2-3
氏 名 ○ ○ ○ ○ ㊞

【書式6】 供託取戻しのための委任状

供託委任状

私は、次の弁護士を代理人と定め、下記の事件に関する各事項を委任します。

 ○ ○ 弁護士会所属
 弁護士 ○ ○ ○ ○
 電 話 00-0000-0000
 ＦＡＸ 00-0000-0000

記

供託者 (債権者) ○ ○ ○ ○
被供託者(債務者) ○ ○ ○ ○

 平成○年度金第○○○○号をもって供託した供託金の取戻請求及び受領並びに同利息の請求及び受領に関する一切の件。

以上

平成○○年○月○日

住 所 ○○県○○市○○1-2-3

氏　名　○　○　○　○　㊞

2　供託手続

　【書式7】の供託書の用紙は、法務局の窓口で入手できる。【書式7】に従い必要事項を記入することになるが、ここで最も注意をしなければならないことは、<u>供託者および被供託者の氏名（商号）、住所（本店所在地）の記載を申立書の当事者目録と一致させなければならない</u>ということである。もし食い違いがあった場合、法務局が受け付けなかったり、受け付けて供託書正本が下付されても、今度は裁判所が受け入れないという事態が生じる。大幅な時間のロスになる。

　供託書の記載を終えたら、管轄（地方）法務局の供託部門で供託手続を行う。管轄（地方）法務局とは、保全命令を発令した裁判所を管轄する（地方）法務局である（民保4条1項）。〈*Case* ①〉では、東京地方裁判所が管轄裁判所であるため、東京法務局が管轄法務局になる。

　供託手続については、一般的な説明や書式例が下記法務局ホームページ〈http://www.moj.go.jp/tetsuduki_kyotaku.html〉に掲載されているので、一応の参考となる。

　しかし、各（地方）法務局ごとに運用等が異なっているので、当該当局に事前に手続方法の確認をとっておいたほうが手続が円滑に進む。

　東京法務局の場合、供託書に、供託委任状と資格証明書（供託者が法人のとき）を添付して窓口に提出する。

　供託窓口での受付審査が終了すると、出納窓口で供託金を納付する。その後、供託書正本が手渡される流れとなる。

3　裁判所の担保受入れ手続等

　供託書正本を受け取ったら、裁判所にこれを提出する手続をとる（担保受入れ）。

　この際に、郵券、目録類および仮差押登記の登録免許税納付書をあわせて

【書式7】 供託書

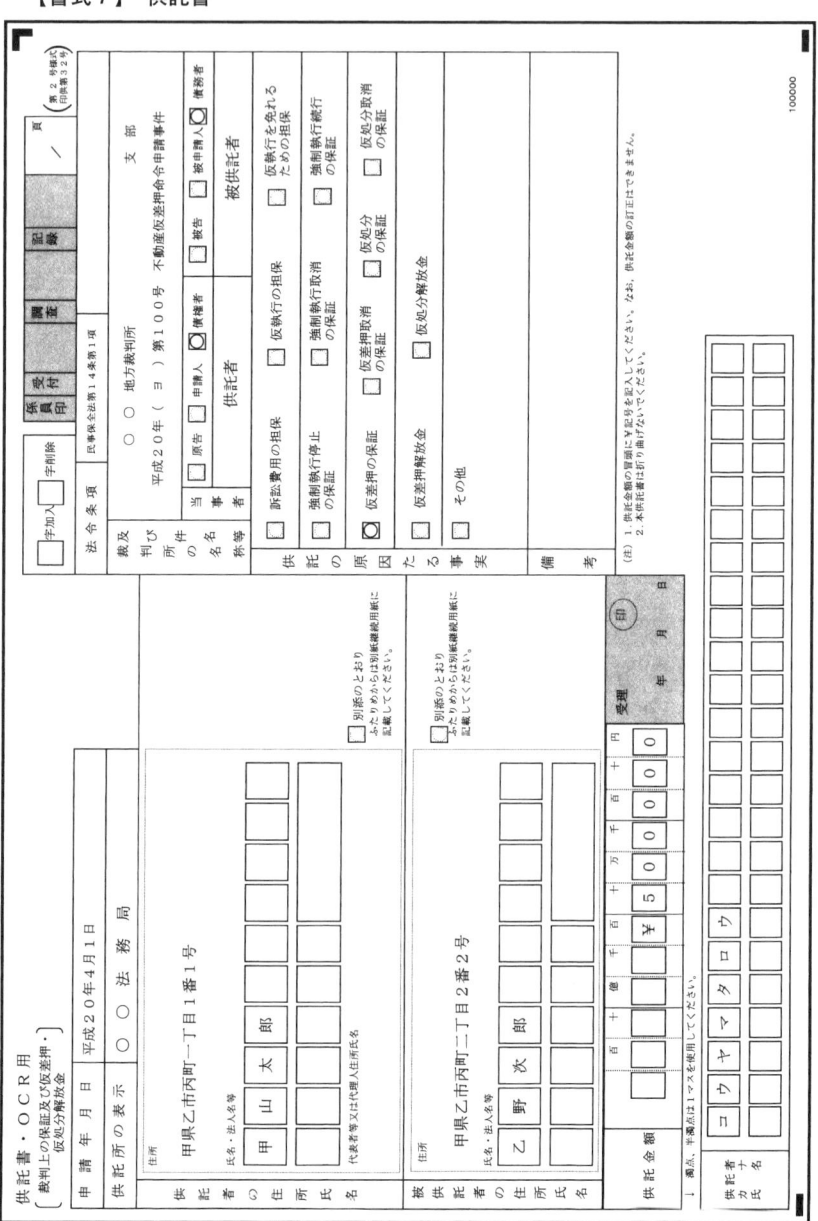

提出する。

予納郵券額は、〈表4〉のとおりである（東京地方裁判所民事9部の場合）。

〈表4〉 予納郵券額（東京地方裁判所民事9部の場合）

種別	郵券額
不動産仮差押 仮処分	債務者1人　　　　　　　　　　　　　1,050円 登記嘱託1カ所　　　　　　　　　　　　510円 登記返送料　　　　　　　　　　　　　　560円 速達料　　　　　　　　　　　　　　　　270円 　合計　　　　　　　　　　　　　　　2,390円 ＊滞納処分差押えがある場合　80円増 ＊嘱託登記所が1カ所増えるごとに　1,340円増
債権仮差押え	債務者1人　　　　　　　　　　　　　1,050円 第三債務者1人　　　　　　　　　　　1,100円 陳述書返送料（裁判所用）　　　　　　　500円 陳述書返送料（債権者用）　　　　　　　　80円 速達料　　　　　　　　　　　　　　　　270円 　合計　　　　　　　　　　　　　　　3,000円 ＊第三債務者が1名増すごとに　1,950円増

（平成25年7月現在）

所定の目録類（必要部数は、〈表5〉参照）を用意し提出する。保全面接後に、担当書記官から目録類の訂正の指示が入る場合があるので、その場合には必ず訂正後の目録を用意しておく。

登記用の物件目録は、決定用の物件目録をそのまま流用すればよい（数字を多角文字にする必要はない）。

登記権利者・義務者目録の書式は、【書式8】のとおりである。

〈表 5〉 提出目録類（東京地方裁判所民事 9 部の場合）

事件の種類		目録の種類	決定用				登記（登録）嘱託用	
			当事者目録	請求債権目録	仮差押債権目録	物件目録	物件目録	登記権利者・義務者目録
仮差押え	動　　産		3	3				
	不　動　産		3	3		3	2	2
	債　　権		4	4	4			
	自　動　車		4	4		4（自動車目録）	2（自動車目録）	2
仮処分	動　　産		3			3		
	不　動　産	占有移転禁止	3			3		
		処分禁止	3			3	2	2
	債権（処分禁止）		4			4（債権目録）		
	自　動　車	占有移転禁止	3			3		
		処分禁止	4			4	2	2
	競売手続停止等		3			3		
	抵当権、仮登記上の権利等の処分禁止		3			3（同数の登記目録も必要）	2（同数の登記目録も必要）	2
	作為・単純不作為		3			3		
強制執行停止	債務名義の停止		3					
	（特定）物件の停止		3			3		

(注) 1　上例は、債務者、第三債務者、登記所などが各 1 名あるいは 1 カ所の場合である
　　 2　決定用目録は、債務者、第三債務者が各 1 名増すごとに各 1 通ずつ加算する
　　 3　登記所が数カ所にわたるときの登記嘱託用目録は、各登記所ごとに上記通数が必要
　　 4　担保提供が支払保証委託契約（ボンド）の方法による場合は、このほかに決定用の担保目録が必要（枚数は当事者目録と同数）
　　 5　滞納処分による差押えがある場合には、滞納処分庁への通知用の当事者目録、物件目録（または仮差押債権目録）が各 2 枚必要

（平成25年7月現在）

【書式8】 登記権利者義務者目録

登記権利者義務者目録

登記権利者(注1)
東京都○区・・・・・・・・・・(注2)
X債権回収株式会社

登記義務者(注3)
東京都○区・・・・・・・・・
Y株式会社

（注1） 債権者が登記権利者となる。
（注2） 不動産全部事項証明書（不動産登記簿謄本）の記載どおりとする。
（注3） 債務者が登記義務者となる。

仮差押登記の登録免許税を納付する。

仮差押決定が発令されると、保全執行として裁判所書記官が嘱託登記により仮差押登記を行うこととなるが、その登録免許税を事前に納付する必要がある。

登録免許税の計算方法は以下のとおり（平成25年7月現在）。

請求債権額×4/1000（0.4％）＝税額
　（千円未満切捨）　　　　　　　　（百円未満切捨）

納付方法であるが、登録免許税額が、3万円以下の場合は、裁判所の担保受入れ手続の際に、収入印紙で納めることができる。

登録免許税額が、3万円を超える場合、事前に国庫金納付書（【書式9】）を使用して、日本銀行の代理店または歳入代理店となっている最寄りの民間金融機関もしくは郵便局で登録免許税を納付し、納付書の控えを裁判所の担保受入れ手続の際に提出する。

国庫金納付書は、郵便局で入手可能である。

担保（保全保証金）の供託書正本、目録類、予納郵券および登録免許税の

50 第1章　不動産の仮差押え（保全総論）

【書式9】　国庫金納付書

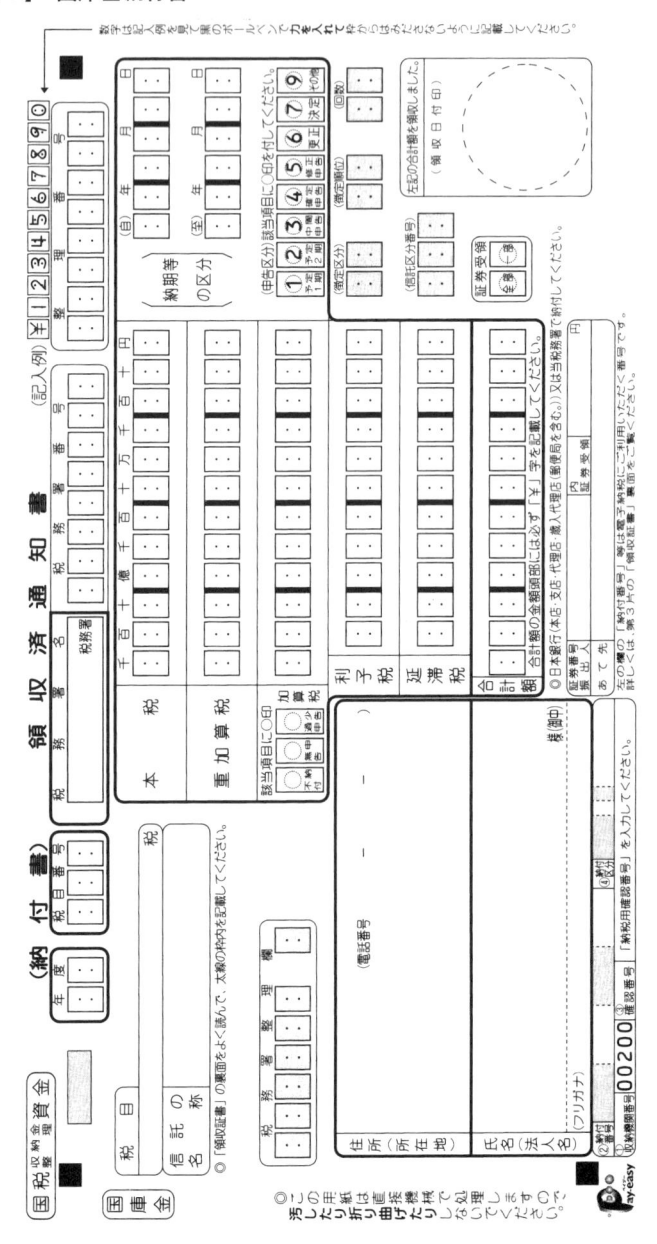

準備ができたら、担保受入れ手続として、保全裁判所（東京地方裁判所であれば民事9部の発令係）にこれらを提出する。

<u>担保決定で定められた担保提供期間内に担保受入れ手続を行わないと、仮差押えの申立てが取り消される</u>ので、期間を徒過しない迅速さと段取りが要求される。

また、東京地方裁判所民事9部では、以下のとおり、担保受入れ手続の完了時刻によって、決定正本の交付時間＝発令時刻が変化するので、<u>決定を急ぐ場合は、いつまでに担保受入れ手続を完了しておかなければならないかも考慮しておく必要がある。</u>

午前11時までに受入れが完了するかしないかで、1日の差が生じてしまう。

〈表6〉 担保受入れ完了時刻と決定正本交付時刻

担保受入れ完了時刻	決定正本交付時刻
午前8時30分～午前11時	当日午後4時以降。(注1)
午前11時～午後4時 （正午～午後1時の間を除く）	翌日午後4時以降。(注2)
午後4時～午後5時	<u>翌日午後4時以降</u>。(注3)

（注1） 執行官への申立て等を要する事件については、当日午後3時以降
（注2） 執行官への申立て等を要する事件については、翌日午前11時以降
（注3） 執行官への申立て等を要する事件については、翌日午後3時以降

4 発　令

若先生は、供託手続を終えた翌日の午前8時30分、つつがなく受入れ手続を終えた。裁判所職員から「今日の午後4時以降に取りにきてください」と言われたので、その時間に再び窓口に行くと、仮差押決定正本（【書式10】）を交付してもらえた。

事務所に戻り、早速、甲弁護士に報告した。

若先生「先生、お疲れ様です。決定出ました／　差さりました」

弁護士「お疲れ様です。でもまだ終わりではないですし、『差さった』と

はいえません。数日中に仮差押登記が入りますので、本件物件の不動産全部事項証明書（不動産登記簿謄本）をとって、きちんと登記されているか、登記されているとしても仮差押登記の前に先行して何らかの登記が入っていないか、入っていたら詐害行為取消し等を至急検討しなければなりませんからね、それを確認しないと『差さった』というにはまだ早いです」

若先生「わかりました」

弁護士「それともう１点。登記した後に仮差押決定正本が債務者に送達されますが、送達できない場合もありますので、その場合は所在調査や再送達の上申、公示送達等の手続をとる必要があります」

　２日後、本件物件の不動産全部事項証明書（不動産登記簿謄本）をとったところ、何ら問題なく仮差押登記がなされていた。また、裁判所に確認したところ、債務者への送達も奏功したとのことであった。

【書式10】　仮差押決定

仮　差　押　決　定

　　　　　当　事　者　　　別紙当事者目録記載のとおり
　　　　　請求債権　　　　別紙請求債権目録記載のとおり

　上記当事者間の平成○年(ヨ)第○○○号不動産仮差押命令申立事件について、当裁判所は、債権者の申立てを相当と認め、
　債権者に金　　90　　万円
の担保を立てさせて、次のとおり決定する。

主　　文

　債権者の債務者に対する上記債権の執行を保全するため、別紙物件目録記載の債務者所有の不動産は、仮に差し押さえる。
　債務者は、金900万円を供託するときは、この決定の執行の停止又はその執

行処分の取消しを求めることができる。
　平成○年○月○日
　　　東京地方裁判所民事第9部
　　　　　　裁判官　○　○　○　○　○　㊞

第2章 不動産の強制競売（執行総論）

I 事案の概要

―〈Case ②〉―

（第1章からの続き）

　Y株式会社に対する仮差押えは奏功し、X債権回収株式会社は、債務の返済についての協議をY社に打診したが、Y社は、仮差押えにより態度を硬化させ、一切の交渉に応じなくなった。

　X社は、強制執行による回収もやむを得ないと判断し、訴訟提起（本訴）、強制競売申立て（本執行）の方針を立てた。

　甲弁護士と若先生は、X社からの依頼を受けて、Y社に対し、譲受債権請求訴訟を提起した。同訴訟において、被告（Y社）は出頭せず、答弁書も提出しなかったので、擬制自白により、請求全部認容の判決が言い渡された。

II 執行準備

1 訴訟において請求すべき債権

　今回の本訴提起にあたっては、下記のとおりX社が有する3口の債権の残元本全額とこれに対する遅延損害金を訴訟物とし、全部認容の判決を得た

(【書式11】)。

<表1> 〈*Case* ②〉における債権の全体像

(Mは百万円)

	種別	当初金額	残元本額	仮差押え	本 訴
①	手貸し	10M	10M	○	○
②	証貸し	50M	10M	×	○
③	証貸し	60M	20M	×	○
合計		120M	40M		

【書式11】 判決（〈*Case* ②〉）

```
                                          裁判官認印

            第2回口頭弁論調書（判決）

事件の表示      平成24年（ワ）第○○○○号
期　　　日      平成○○年○月○日午後○時○分
場所及び公開の有無  東京地方裁判所民事第○部法廷で公開
裁　判　官      ○　○　○
裁判所書記官    ○　○　○
出頭した当事者等  （なし）

              弁論の要領等

裁　判　官
    次のとおり主文及び理由の要旨を告げて判決言渡し

第1　当事者の表示
（略）

第2　主　文
 1　被告らは、原告に対し、連帯して、4000万円及びうち1000万円に対する
    平成23年5月2日から、うち3000万円に対する平成23年○月○日から、各
    支払済みまで年14パーセントの割合による金員を支払え。
```

2　訴訟費用は、被告らの負担とする。
　　　3　この判決は、仮に執行することができる。

　第3　請　求
　　別紙請求記載のとおり（別紙は略）

　第4　理由の要旨
　　被告らは、本件口頭弁論期日に出頭せず、答弁書その他の準備書面も提出しない。したがって、被告らにおいて請求原因事実を明らかに争わないものとして、これを自白したものとみなす。

　　弁論終結日　　平成〇〇年〇月〇日
　　　　　　　　　裁判所書記官　　〇　〇　〇　〇

　本件仮差押えの請求債権は、保全不足額との関係から、1口のみの債権としているが、このような場合、債務名義としてどの範囲の債権を請求するかは実務上悩ましい問題がある。最終的には依頼者の意向によることとなるが、アドバイスするにあたっては、以下①～⑥の諸要素を勘案し、適切な請求額の見通しを立てておく必要がある。
　①　仮差押対象物件以外に回収可能性のある責任財産の存否および存在する場合の回収見込み額
　②　保証人からの回収可能性の有無
　③　将来に責任財産が増殖する可能性の大小
　④　消滅時効の中断の要否
　⑤　他の債権者と執行が競合する可能性の大小
　⑥　貼用印紙額の多寡
　〈*Case* ②〉では、連帯保証人であるY社代表者に対する連帯保証債務履行請求訴訟も併合して訴え提起すること、消滅時効中断の見地から債権全口全額を本訴で請求する債権とした。

2 債務名義

本件判決は、仮執行宣言付きの判決である。事案の設定として、いまだ判決が確定していない（控訴期間が経過していない）時点を想定すると、債務名義として以下の2個のオプションが存在することとなる。

① 直ちに、仮執行宣言付き判決を債務名義（民執22条2号）として本執行手続を行う。

② 判決確定を待ったうえで、確定判決を債務名義（民執22条1号）として本執行手続を行う。

①は、スピードでは②に勝るが、仮に控訴され、原判決が取り消されたような場合、仮執行により被告が受けた損害の賠償を命じられる（民訴260条2項）というリスクがある。そこで、仮に控訴されても控訴棄却（勝訴）が確実であり、かつ、直ちに執行に着手しなければならない緊急性が存在するような場合以外は、判決の確定を待ち、②の確定判決による本執行を行ったほうがよい。

〈*Case* ②〉では、仮差押えを行っており、本執行を直ちに着手すべき事情がないので、確定判決を債務名義とすることにした。

3 送達証明書と執行文付与の手続

(1) 強制執行の要件

強制執行実施の要件として、確定判決を典型とする、執行力のある債務名義の正本（民執22条各号）が存在することのほかに、

① 執行文の付与（民執25条）

② 債務名義等の執行債務者への送達（民執29条）

の各要件が必要であり、

ⓐ 執行文の付された債務名義の正本

ⓑ 送達証明書

を申立書に添付する必要がある。債務名義取得後、本執行申立ての準備手続として、まず債務名義の送達証明書の交付申請と執行文の付与手続を行う必

要がある。

〈*Case* ②〉のように、債務名義が判決（確定判決、仮執行宣言付き判決）である場合のそれぞれの手続の概要は(2)以下で解説する。

(2) 送達証明書の交付申請

判決送達証明申請書の書式は、【書式12】のとおりである。

【書式12】 判決送達証明申請書（〈*Case* ②〉）

正　　本	収入印紙
(注1)	￥300 (注2)

平成24年(ワ)第〇〇〇〇号　譲受債権等請求事件
原　　　告　Ｘ債権回収株式会社
被　　　告　Ｙ株式会社　外1名

　　　　　　　　　　　　　　　　　　　　　平成24年〇月〇日

東京地方裁判所　民事Ｘ部　御中

　　　　　　　　　　　　原告訴訟代理人弁護士　　　　甲
　　　　　　　　　　　　同　　　　　　　　　　　　　乙

　　　　　　　　　判決送達証明申請書

　上記事件について、平成24年〇月〇日言渡された判決の正本は、被告らに対し、下記のとおり送達されたことを証明されたく申請致します。

　　　　　　　　　　　　　記

被　　告　Ｙ株式会社　　　　　　　平成　　年　　月　　日送達
被　　告　某（(注3)Ｙ社代表者）　　平成　　年　　月　　日送達
　　　　　　　　　　　　　　　　　　　　　(注4)　　　　以上

Ⅱ 執行準備   59

```
┌─────────────────────────────────────────────────┐
│              受　　　書                          │
│                                                 │
│                        平成24年　　月　　日      │
│                              (注4)               │
│                                                 │
│  東京地方裁判所　民事Ｘ部　御中                  │
│                                                 │
│                原告訴訟代理人弁護士　　　甲      │
│                同　　　　　　　　　　　　若      │
│                                                 │
│  上記判決正本送達証明書１通受領しました。        │
└─────────────────────────────────────────────────┘
```

(注１)　【書式12】記載どおりの正本１通と、【書式12】の点線以下の「受書」部分を削除し、余白にした物（証明書用）１通の合計２通を当該訴訟の担当部に直接提出する。

　　　事前に担当書記官に連絡のうえで窓口に赴くと、証明書用の「申請書」余白に、書記官が証明文言を記載のうえ、記名押印し、その場で証明書を交付してもらえることが多い。

(注２)　手数料として<u>証明事項１件につき収入印紙150円</u>を正本に貼付する。

　　　〈*Case*②〉では、下記のとおり、被告Ｙ社に対する送達証明と被告代表者に対する送達証明の２事項の証明を求めているので収入印紙300円を貼付する。

(注３)　（Ｙ社代表者）とのカッコ書の記載は、説明上の便宜で注意書きしたものであり、正規の申請の際は不要である。

　　　〈*Case*②〉では、現時点において、連帯保証人である被告代表者に対する強制執行を予定していないが、省力化のためにあわせて取得することにしたものである。

(注４)　空欄にしておく。送達日に関しては、書記官が記録を調査のうえで記入してくれる。

(3)　執行文付与申請

執行文には、

①　単純執行文（民執26条）

② 条件成就執行文(民執27条1項)
③ 承継執行文(民執27条2項)
の種類がある。

　口頭弁論終結後に当事者の変動(相続、合併等の包括承継や債権譲渡等の特定承継)があった場合は、承継執行文の付与が必要であり、債権者の権利が条件付きの場合(債権者が先履行義務を負う場合等)は、条件成就執行文の付与を受ける必要がある。

　また、執行文の付与を受けた債務名義が毀損し新たに必要な場合や債権者が全額の弁済を受けるために複数の財産に対して強制執行を行う必要がある場合(たとえば、不動産と債権等)には、執行文の再度付与または数通付与の申立てを行う必要がある(民執28条)。

　〈Case ②〉では、単純執行文の付与を受けることになるので、単純執行文付与の手続を説明する。

　執行文付与申立書の書式は、【書式13】のとおりである。

【書式13】　執行文付与申立書(〈Case ②〉)

```
┌─────────┐
│ 正   本 │
└─────────┘
(注1)
                                    ┌─────────┐
                                    │ 収入印紙 │
                                    │         │
                                    │  ¥300   │
                                    │         │
                                    │  (注2)  │
                                    └─────────┘

　　平成24年(ワ)第〇〇〇〇号　譲受債権等請求事件
　　原　告　X債権回収株式会社
　　被　告　Y株式会社(注2)

                                        平成24年〇月〇日

　　東京地方裁判所　民事X部　御中

                    原告訴訟代理人弁護士　　　甲
                    同　　　　　　　　　　　　若
```

執行文付与申立

　上記事件について、被告Y株式会社につき(注2)、平成24年○月○日言渡された判決正本に、執行文を付与されたく申立て致します。

受　　　書

平成24年　　月　　日
(注3)

東京地方裁判所　民事X部　御中

　　　　　　　　　　原告訴訟代理人弁護士　　　　　甲
　　　　　　　　　　同　　　　　　　　　　　　　　若

上記執行文付判決正本1通受領しました。

(注1)　正本1通に判決正本1通を添付して、当該訴訟の担当部に直接提出する。
　　　　書記官は、審査のうえ、【書式14】の執行文を判決正本に添付のうえ契印し、執行文付判決正本として交付する。
(注2)　手数料として執行文1通につき収入印紙300円を正本に貼付する。
　　　　〈Case②〉では、Y社に対する強制執行を目的としているので、被告Y社に対する執行文のみの付与申立てを行っているが、1通の債務名義に対して複数の被告との関係で執行文の付与を得ることもできる（その場合は、【書式14】の債務者（被告）の記載が、被告A、被告B、被告……、という体裁の執行文が付与される）。しかし、その場合、別の被告に対し新たに強制執行を行う際に執行文の数通付与申立てを行う必要が生じてしまうため、判決に示された被告ごとに執行文の付与を受けたほうが便宜である。
(注3)　空欄にしておく。

【書式14】 執行文（《Case ②》）

```
債務名義の事件番号　平成24年（ワ）第○○○○号

              執　行　文

債権者は、債務者に対して、この債務名義により強制執行をすることができ
る。


              平成○○年○月○○日
              東京地方裁判所　民事第Ｘ部○○係
                裁判所書記官　○　○　○　○


債　権　者　　　Ｘ債権回収株式会社
（原　　　告）
債　務　者　　　Ｙ株式会社
（被　　　告）
```


4　強制執行の種別

〈Case ②〉は、金銭債権の支払いを目的とする債権についての不動産に対する強制執行である（民執第2節第1款）。

不動産に対する強制執行としては、〔図5〕の種別がある。

〔図5〕　不動産に対する強制執行
- 債務名義に基づく不動産執行（民執43条）
  - 強制競売
  - 強制管理
  事件番号(ヌ)
- 不動産担保権の実行（民執180条）
  - 担保不動産競売
  - 担保不動産収益執行
  事件番号(ケ)

強制競売および担保不動産競売は、交換価値をキャピタルゲインに求める手続であり、要は、不動産を売却して、その代金を債権の弁済に充てる制度

である。
　一方、強制管理および担保不動産収益執行は、交換価値をインカムゲインに求める手続であり、要は、不動産の収益（賃料）を選任された管理人が取り立て、債権の弁済に充てる制度である。
　「(ケ)号事件」の場合、担保権に由来する優先弁済効が存する点で、「(ヌ)号事件」とは若干の差違があるが、手続の流れは基本的に同じである（民執188条において、強制競売、強制管理の規定が準用されている）。
　〈*Case* ②〉は、債務名義に基づいて行う不動産執行であり、強制競売か強制管理が選択肢となる。強制管理の場合は、収益から管理人の報酬、不動産の維持・修繕費等を控除した金額が配当原資となる。相応の収益が見込めない場合、費用対効果の観点からメリットが乏しい、あるいは、費用倒れになることから、一般論としてあまり活用されていない。
　〈*Case* ②〉では、対象物件がそもそも小規模な社宅であり、収益物件（賃貸用物件）としての実質を伴っていないこと、そのような物件に対し入居希望者（賃借人）が現れる見通しが乏しいこと、そして、第1順位抵当権者が担保不動産収益執行あるいは抵当権の物上代位に基づく賃料差押えを後行して行った場合、一般債権者にすぎないX社は、抵当権者に対抗できないこと（配当がもらえない）から、強制管理の適用はなく、強制競売を選択することとなる。

5　強制競売の手続の流れ

おおまかな流れとしては以下のとおりである（〔図6〕参照）。
① 強制競売の申立てを行い、裁判所が審理し、要件を満たしていれば開始決定が発令される。
② 開始決定が発令されると、物件に対し差押登記を行ったうえで開始決定が債務者に送達される。
③ 執行官が対象物件の現地調査を行い、現況調査報告書を作成する。
④ ③を受けて評価人が価額の評価を行い評価書を作成する。

⑤　評価書を基に裁判所は売却基準価額を決定し、書記官は、物件に関する一応の法律関係の認識を示した物件明細書を作成する。
⑥　期間入札期間と開札期日等が決定し、3点セット（現況調査報告書、評価書、物件明細書）が公開（閲覧、ホームページ不動産競売物件情報サイト（Broadcast Information of Tri-set system: BIT）〈bit.sikkou.jp〉等）される。
⑦　開札の結果、買受人（最高価買受申出人）が現れた場合、売却不許可事由の存否を審理したうえで裁判所は売却許可決定を発令し、買受人が確定する。
⑧　代金納付日に買受人が売却代金を納付することにより、所有が移転し、所有権移転登記がなされる。
⑨　配当等の期日が指定され、配当表等が作成される。
⑩　配当期日が開かれ、債権者に配当が行われる。

III
仮差押えの後始末（担保取消し）

若先生「甲先生（以下、「弁護士」という）、送達証明書申請と執行文の付与申立手続終わりました」
弁護士「では、並行して、仮差押えの後始末をしましょう。担保（保全保証金）を戻してもらうため、『タントリ』しましょう」
若先生「『担取り』、担保取消しのことですね？」
弁護士「そうです。本案訴訟で勝訴し確定しましたから、債務者に損害が生じる可能性は消失し、担保は不要になりました。ですので、手続さえすればいつでも担保の返還を受けられる状態になりましたから、さっさと供託金を返してもらわないと運用利益を喪失してしまいます。
　　　　担保取消事由が生じたら（第1章II 4（24頁）参照）迅速に担取りするようにしてくださいね」

〔図6〕 強制競売手続の流れ

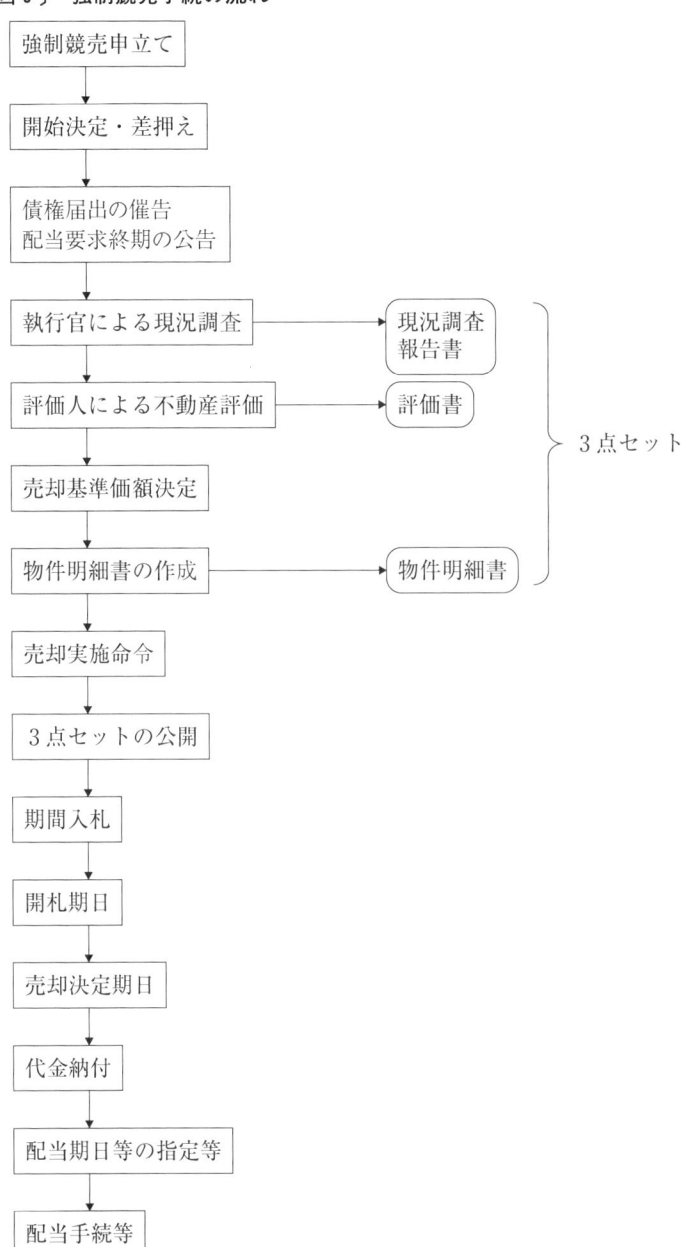

```
┌─────────────────┐
│ 強制競売申立て  │
└────────┬────────┘
         │
┌────────┴────────┐
│ 開始決定・差押え│
└────────┬────────┘
         │
┌────────┴────────┐
│ 債権届出の催告  │
│ 配当要求終期の公告│
└────────┬────────┘
         │
┌────────┴────────┐      ┌──────────┐  ┐
│執行官による現況調査├─────│現況調査  │  │
└────────┬────────┘      │報告書    │  │
         │                └──────────┘  │
┌────────┴────────┐      ┌──────────┐  │
│評価人による不動産評価├───│ 評価書   │  ├ 3点セット
└────────┬────────┘      └──────────┘  │
         │                              │
┌────────┴────────┐                    │
│ 売却基準価額決定│                    │
└────────┬────────┘                    │
         │                              │
┌────────┴────────┐      ┌──────────┐  │
│ 物件明細書の作成├─────│物件明細書│  │
└────────┬────────┘      └──────────┘  ┘
         │
┌────────┴────────┐
│ 売却実施命令    │
└────────┬────────┘
         │
┌────────┴────────┐
│ 3点セットの公開 │
└────────┬────────┘
         │
┌────────┴────────┐
│ 期間入札        │
└────────┬────────┘
         │
┌────────┴────────┐
│ 開札期日        │
└────────┬────────┘
         │
┌────────┴────────┐
│ 売却決定期日    │
└────────┬────────┘
         │
┌────────┴────────┐
│ 代金納付        │
└────────┬────────┘
         │
┌────────┴────────┐
│配当期日等の指定等│
└────────┬────────┘
         │
┌────────┴────────┐
│ 配当手続等      │
└─────────────────┘
```

若先生「手続はどうすればよいのですか？」

弁護士「簡単です。

① 担保取消決定申立書（【書式15】）と供託原因消滅証明申請書（【書式16】）を保全裁判所に提出する。

② 担取決定がなされると供託原因消滅証明書（【書式16】に証明文言が入ったもの）が交付される。

③ 供託金払渡請求書（【書式17】）に供託原因消滅証明書を添付して、法務局に払戻しを請求する」

【書式15】 担保取消決定申立書（《Case ②》）

平成24年㋾第 X 号　不動産仮差押命令申立事件　　　　　　　　　　（注1）
申立人（債権者）　　X債権回収株式会社
被申立人（債務者）　Y株式会社

担保取消決定申立書

平成24年○月○日

（注3）

東京地方裁判所　民事第9部　御中

（注2）

　　　　　　当事者の表示　別紙当事者目録記載のとおり　（略）

　　　　　　　　　　　申立人代理人弁護士　　　　甲
　　　　　　　　　　　同　　　　　　　　　　　　若

　頭書事件につき、担保提供者が金90万円の担保（平成24年○月○日受付東京法務局平成24年度金第○○○○号）を提供しているところ、この度、本案訴訟で債権者全部勝訴の判決が確定したことにより担保の事由が消滅したので担保取消決定をされるよう申し立てる。

添付資料

　　　　判決正本　　　1通

確定証明　　1通	以上

(注1)　手数料は不要。
(注2)　原則的に仮差押命令申立て時に裁判所に提出した当事者目録をそのまま流用できる。ただし、発令後に当事者の異動があった場合（たとえば、本店移転、商号変更等）には、当然現在の状況を記載し、かつ、カッコ書等で「(不動産仮差押命令正本上の記載……)」と付記する。
(注3)　保全裁判所に供託原因消滅証明申請書とともに提出する。
　　　　東京地方裁判所の場合は、保全専門部である民事第9部の取消係の窓口に提出する。

【書式16】　供託原因消滅証明申請書（《Case ②》）

正　本
(注1)

収入印紙
¥150
(注2)

平成24年(ヨ)第X号　不動産仮差押命令申立事件
申立人（債権者）　　X債権回収株式会社
被申立人（債務者）　Y株式会社

供託原因が消滅したことの証明申請

平成24年○月○日

(注3)
東京地方裁判所　民事第9部　御中

　　　　　　　　　　申立人代理人弁護士　　　甲
　　　　　　　　　　同　　　　　　　　　　　乙

　頭書事件につき申立人が供託した別紙供託物の供託原因が消滅したことを証明されたく申請致します。

第2章 不動産の強制競売（執行総論）

```
┌─────────────────────────────────────────────┐
│            受      書                        │
│                                              │
│     1  供託原因消滅証明書    1通             │
│                                              │
│  上記受領致しました。                        │
│                           平成○○年○月○日 │
│  東京地方裁判所民事第9部　御中               │
│                                              │
│                   申立人代理人弁護士    甲   │
│                          同             若   │
│ (注4)                                        │
└─────────────────────────────────────────────┘
```

（注1）【書式15】記載どおりの正本1通と、【書式16】の点線以下の「受書」部分を削除し、余白にした物（証明書用）1通の合計2通を担保取消決定申立書とともに提出する。
　　　担保取消決定発令後、証明書用控えに書記官が証明文言を記入のうえ、交付してもらえる。
（注2）　手数料として<u>証明事項1件につき収入印紙150円</u>を正本に貼付する。
（注3）　保全裁判所に担保取消決定申立書とともに提出する。
　　　東京地方裁判所の場合は、保全専門部である民事第9部の取消係の窓口に提出する。
（注4）　正本、証明用控えともに、<u>次頁に供託書正本の写しを添付し、割印する</u>。

IV　強制競売申立て

1　申立書起案

若先生「甲先生、送達証明書と執行文の付与手続終わりました」
弁護士「では、その他の必要書類を整えて、申立書の起案をしてください。必要書類の案内などは、東京地裁の場合、インフォメーション21というインターネット上のウェブサイト（〈http://www3.ocn.ne.

【書式17】 供託金払渡請求書（《Case ②》）

本書式は供託金払渡請求書の記載例である。

請求年月日：平成24年○月○日
供託所の表示：○○○○法務局
請求者の住所氏名印：
　東京都○区○町○丁目○番○号
　X債権回収株式会社
　代表取締役 ○○○○
　東京都○区○町○丁目○番○号
　上記代理人 弁護士 若 ○ ○ ○ （印）

供託番号：24年度金第○○号
本金額：90万円
元本合計額：￥900000

払渡請求事由及び還付取戻の別：
　1. 供託受諾　2. 担保権実行　3.
　1. 供託不受諾　2. 供託原因消滅　3.

受取人：○○銀行○○支店
　①隔地払　②国庫金振替　③預貯金振込
　振込先　○○銀行　○○支店
　預貯金の種別　普通・当座・通知・別段
　預貯金口座番号　○○○○○○○
　預貯金口座名義人　X債権回収株式会社

jp/~tdc21/hudousan/h-uke01.html〉（平成25年7月現在）。下記（資料1）は、上記サイトの抜粋）で公開されていますので参考にしてください」

（資料1）　不動産競売申立てに必要な提出書類・添付目録等

(1) 競売開始決定発令等に必要な書類
  a. 競売申立書
  b. 発行後1か月以内の不動産登記事項証明書（全部事項証明書又は現在事項証明書）
   ・物件が土地・建物の一方のみの場合　→　他方の登記事項証明書も必要
   ・物件が敷地権付区分所有建物である場合　→　敷地たる土地の登記事項証明書も必要
   ・物件が更地である場合　→　更地である旨の上申書が必要
  c. 公課証明書（最新の公課及び評価の額が記載されているもの。非課税の不動産については評価証明書を提出）。請求債権のない申立ては、評価証明書も必要
  d. 商業登記事項証明書（当事者の中に、法人がある場合には、1か月以内に発行されたものを提出。ただし、申立債権者については、代表者事項証明書でも可）
  e. 住民票（債務者又は所有者が個人の場合には、1か月以内に発行されたものを提出。なお、その者が住民登録された外国人である場合も同じ）
  f. 委任状　社員をその法人の代理人とする場合は、代表者作成の代理人許可申立書と社員証明書が必要（委任状または社員証明書に代理人となる者の届出印の押印が必要。収入印紙500円を申立書に貼付。割印はしない。）
  g. 特別売却に関する意見書
  h. 強制競売の場合は、上記a～gの書類のほか、債務名義（執行文付判決正本、執行文付公正証書正本、仮執行宣言付支払督促正本等）及び送達証明書が必要
    なお、仮差押の本執行移行を目的とした強制競売の場合は、その旨記載した上申書及び仮差押決定正本の写し（仮差押執行後に名義が移転している場合は原本が必要）を提出

i．続行決定申請書（対象物件について、すでに滞納処分庁による差押登記がなされている場合）
(2) 現況調査等に必要な書類（申立て時に提出してください）
　　※　以下のa～gのコピーを、下記の順で各1部ずつセットにしたものを2組と、hを3部提出してください。
　a．(1)のb.に記載した登記事項証明書（物件が更地である場合は、その旨の上申書）
　b．(1)のc.の公課証明書
　c．公図写し（法務局の登記官による認証のあるもので、1か月以内に発行されたもの。コピー縮小不可。申立ての対象が建物のみの場合にも提出）
　d．建物図面（法務局の登記官による認証のあるもので、1か月以内に発行されたもの。コピー縮小不可。申立ての対象が土地のみの場合にも提出。備付けがない場合にはその旨の上申書）
　e．物件案内図（住宅地図等。物件に目印をしたもの）
　f．債務者又は所有者の商業登記事項証明書（法人の場合）
　g．債務者又は所有者の住民票（個人の場合）
　h．「不動産競売の進行に関する照会書」（対象物件が建物のみの場合には、「対象物件が建物のみの場合の競売事件に関する照会書」も提出）、その他事件の進行に有益な資料
(3) 提出目録の部数
　担保権・被担保債権・請求債権目録（強制競売は請求債権目録）………1部

若先生「不動産登記事項証明書（不動産登記簿謄本）は、1カ月以内のものとなってますが、直近のものがよいのですね？」

弁護士「申立日の前日ぐらいに取得したものを出す感覚でいてください。前にも話しましたが、1カ月の間に物件変動が生じていたというケースもありますので。他の債権者から先行して差押えが入ったということもままあります」

若先生「(1)c.の『公課証明書』というのは、『評価証明書』ではないのですか？」

弁護士「違うものです。『評価証明書』は、固定資産税額等の算定基準となる評価額の記載しかありませんが、『公課証明書』には、評価額に加えて実際に賦課される税額まで記載されています。センシティブな情報ですから、取得する手続も厳格です。一般的には、証明申請書に競売申立書の写しと競売事件の委任状の写しを添付して都税事務所または市町村役場に申請します」

若先生「請求債権の金額はどうしますか？　判決は、満額の4000万円でもらっていますが、仮差押えの請求債権額は1000万円＋αですし、物件の剰余価値は900万円程ですが……」

弁護士「4000万円全額で請求する場合のデメリットは？」

若先生「差押登記の登録免許税の課税標準は請求債権額ですよね。そうだとすると、実際には4000万円もとれないにもかかわらず、登録免許税額が高くなってしまうというデメリットがあります」

弁護士「そうですね。逆にメリットとしては、実際に物件を開札してみたら予想外に高値で落札されたという場合に請求債権額が少なすぎて取りはぐれることを防げることや、差押えが競合した場合に取り負けを防げるというメリットがあります。このメリット・デメリットを勘案して請求債権額を決めることになります」

若先生「基準はありますか？」

弁護士「明確な基準などありませんが、感覚として、差押えの競合がなさそうな事案であれば、落札価額の相場値である、物件の担保評価額の1.5倍以上の金額で請求したほうがよいでしょうね。あくまで一般論で、不動産市況がよいときや、人気の高い物件であればそれ以上を考えます。

　本件では、2000万円もあれば大丈夫そうですが、X社の乙さんから『大事をとって全額でやってほしい』との依頼がありましたので、判決認容額満額でやってください」

若先生「現在のところ、仮差押登記後に物件変動はないのですが、仮差押

えの本執行移行の上申はしておきますか？」
弁護士「その状況だと、あえて本執行移行の上申をする実益は乏しいですが、上申書1枚、仮差押命令正本のコピー1部を提出するだけですから、やっておきましょう」

【書式18】 不動産強制競売申立書（《Case ②》）

印紙
¥4,000

不動産強制競売申立書

東京地方裁判所民事第21部　御中

平成24年○月○日

申　立　債　権　者　　X債権回収株式会社
上記代表者代表取締役　　○　○　○　○
上記債権者代理人弁護士　　　　　甲
同　　　　　　　　　　　　　　　若

tel 03-0000-0000　fax03-0000-0000

当　事　者
請　求　債　権　　別紙目録のとおり
目　的　不　動　産

　債権者は、債務者に対し、別紙請求債権目録記載の執行力ある判決正本に表示された上記債権を有しているが、債務者がその支払をしないので、債務者所有の上記不動産に対する強制競売の手続の開始を求める。

添付書類

1　執行力ある判決の正本　　　1通
2　送達証明書　　　　　　　　1通
3　不動産登記事項証明書　　　2通
4　公課証明書　　　　　　　　1通

```
  5  資格証明書              2通
  6  委任状                  1通
  7  特別売却に関する意見書    1通
                                              以上
```

当事者目録

〒100-0000　東京都〇区〇町〇丁目〇番〇号
　　　　　　債　権　者　　　X債権回収株式会社
　　　　　　上記代表者代表取締役　〇　〇　〇　〇

(送達場所)
〒100-0000　東京都〇区〇町〇丁目〇番〇号
　　　　　　債権者代理人弁護士　　　甲
　　　　　　同　　　　　　　　　　　若
　　　　　　tel 03-0000-0000　fax 03-0000-0000
〒100-0000　東京都〇区〇町〇丁目〇番〇号
　　　　　　債　務　者　　　Y株式会社
　　　　　　上記代表者代表取締役　〇　〇　〇　〇

請求債権目録

　債権者債務者間の東京地方裁判所平成24年(ワ)第〇〇〇〇号譲受債権等請求事件の執行力ある判決正本主文第1項に表示された下記金員。
記
(1)　元　金　　金40,000,000円
(2)　損害金
　　　上記判決正本主文第1項に表示された元金40,000,000円のうち金10,000,000円に対する平成23年5月2日から、うち金30,000,000円に対する平成23年〇月〇日から各支払い済みまで年14％の割合による遅延損害金。

物件目録

1　所　在　〇区〇〇〇丁目
　　地　番　〇番〇
　　地　目　宅地
　　地　積　〇〇.〇〇平方メートル

2　所　在　〇区〇〇〇丁目〇番地〇
　　家屋番号　〇番〇の〇
　　種　類　居宅
　　構　造　鉄筋コンクリート造陸屋根2階建
　　床面積　1階　〇〇〇.〇〇平方メートル
　　　　　　2階　〇〇〇.〇〇平方メートル

（特別売却に関する意見書）

　　　　　　　　　　　　　　　平成〇〇年（〇）第〇〇〇号

東京地方裁判所民事第21部　御中

意　見　書

　本件不動産につき、入札又は競り売りの方法により売却しても適法な買受けの申出がなかったときは、他の方法により売却することについて異議ありません。

　　　　　　　　　　　　　　　　　　　　平成24年〇月〇日

　　　　　　　　　　　債権者代理人弁護士　　甲
　　　　　　　　　　　同　　　　　　　　　　若

（仮差押の本執行移行の上申書）
強制競売申立事件
債権者　X債権回収株式会社
債務者　Y株式会社

　　　　　　　　　　　　　　　　　　　　平成24年〇月〇日

```
　東京地方裁判所民事第21部　御中
　　　　　　　　　　　　　債権者代理人弁護士　　　甲
　　　　　　　　　　　　　同　　　　　　　　　　　乙

　　　　　　　　　上　申　書

　本日申し立てた頭書事件は、東京地方裁判所平成24年(ヨ)第Ｘ号不動産仮差
押命令申立事件の本執行移行である。

　　　　　　　　　　添付書類

　不動産仮差押命令正本写し　　　　　1通
　　　　　　　　　　　　　　　　　　　　　　　　　以上
```

2　申立て

(1)　提出書類等

　申立書の起案も終わり、必要書類も整ったので正式に申立てする運びとなった。

　〈*Case* ②〉では、執行裁判所は東京地方裁判所になる。

　東京地方裁判所の場合、目黒区に民事執行センター（民事21部）が本庁舎とは別に設置されているので、民事執行センター宛てに持参または郵送して申立てを行う（民事21部が本庁舎にあった時代は郵送申立ては認められなかったが、目黒区に移転したことに伴い利用者の便宜の観点から郵送での申立ても認められるようになった）。

　申立て時に提出、添付すべき書類は、（資料1）のとおりであるが、このほかに、東京地方裁判所の場合、目録類をテキスト形式で作成したデータの提供と進行に関する照会書（【書式19】）の提出も求められている。

【書式19】 不動産強制競売事件の進行に関する照会書

```
平成　　年（ケ／ヌ）第　　　　　号（債権者名　　　　　　　　　　　）
         不動産競売事件の進行に関する照会書
                              東京地方裁判所民事第２１部
  本件の円滑かつ迅速な進行を図るため，下記の照会事項にご回答の上，早急に当部受付係に
３部提出されるよう，ご協力をお願いします。
  所定の欄が不足する場合，余白や裏面を利用して下さい。
１　債務者，所有者について
・住民票住所地での　　・債務者につき，□あり　□なし　□不明
　居住実体（法人の　　・所有者につき，□あり　□なし　□不明
　場合，本店所在地　　　　　　　　　（いずれも「なし」の場合，次頁１参照）
　での営業実体）
・電　話　番　号　　　・債務者　　　　　　－　　　　　　－
　　　　　　　　　　　・所有者　　　　　　－　　　　　　－
２　物件及び占有者について
(1)現地調査の有無　　　□あり（　　　年　　月　　日実施）　□なし
(2)物件の利用状況　　　□個人住居（□戸建□ﾜﾝﾙｰﾑ）□共同住宅（戸数　　　　）
　　　　　　　　　　　□事務所□店舗□ビル一棟（　　　階建）
　　　　　　　　　　　　□建物敷地□空地□駐車場□その他（　　　　　　　）
(3)占有者の有無　　　・抵当権設定時に，　　　□あり　□なし　□不明
　　　　　　　　　　　・申立ての際に，　　　　□あり　□なし　□不明
(4)抵当権設定時の占　　□所有者□所有者の家族（間柄　　　　　　　）
　有者は誰ですか　　　□第三者：名称＊（　　　　　　　　　　　　）
(5)申立ての際の占有　　□所有者□所有者の家族（間柄　　　　　　　）
　者は誰ですか　　　　□第三者：名称＊（　　　　　　　　　　　　）
＊占有者が法人の場合，代表者氏名及び本店所在地が分かれば，お書き下さい。
（　　　　　　　　　　　　　　　　　　　　　　　　　　　　　　　　）
(6)その他占有者に関する参考事項（いわゆる占有屋等）があれば，お書き下さい。
（　　　　　　　　　　　　　　　　　　　　　　　　　　　　　　　　）
(7)件外建物の有無　　□あり　□なし　　　　（ありの場合，次頁３参照）
(8)地代滞納の有無　　□あり　□なし　　　　（ありの場合，次頁４参照）
(9)土壌汚染の有無　　□あり　□なし　□不明　　（次頁６参照）
３　その他
(1)買受希望者の有無　　□あり　□なし
(2)自己競落の予定　　　□あり　□なし　□検討中

平成　　年　　月　　日
債権者の担当者氏名（　　　　　　　　　），TEL（　　　　　　　　　　）

 ┌──────────────────────────────────┐
 │  ＊　この欄は，記入しないでください。                          │
 │      □Ａ　□Ｂ　□Ｃ　□Ｋ                                    │
 │                                        （担当　　　　　　　） │
 └──────────────────────────────────┘
```

(2) 費用等

不動産競売事件の申立てに際して必要となる費用等は（資料2）のとおりである。

（資料2） 不動産競売申立てに必要な費用等

1　予納金の額
　　請求債権額が2000万円未満……………………………………………60万円
　　請求債権額が2000万円以上5000万円未満…………………………100万円
　　請求債権額が5000万円以上1億円未満………………………………150万円
　　請求債権額が1億円以上…………………………………………………200万円
　　※　申立受理後、裁判所より保管金提出書が送付されるので、それに基づき納付する。
2　申立手数料（下記の額の収入印紙を申立書に貼付。割印は不要）
　(1)　担保権実行による競売（ケ事件）の場合………担保権1個につき4000円
　(2)　強制競売（ヌ事件）の場合……………………請求債権1個につき4000円
3　郵便切手等（「保管金提出書」用紙等の送付用）
　(1)　90円切手1組（ただし、保管金提出書を入れた封筒に、裁判所の受付日付印を押した不動産競売申立書の写し等の同封を希望する場合や、相続代位登記のために戸籍関係書類を返送する必要がある場合等は、重量に応じた郵便切手が必要）
　　※　以上の他、郵便切手の予納は不要
　(2)　債権者あての住所等が記載された封筒1枚（原則として長形3号（約23cm×約12cm）、ただし、送付書類に応じてこれより大きい封筒でも可）
4　差押登記のための登録免許税
　国庫金納付書（第Ⅰ章、【書式9】参照）により納付（3万円以下なら収入印紙でも可）
　　納付額は確定請求債権額の1000分の4
　　確定請求債権額の1000円未満を切り捨て、これに1000分の4を乗じて100円未満を切り捨てる。算出額が1000円未満のときは1000円とみなす。確定請求債権額が根抵当権極度額を上回っているときは極度額を確定請求債権額として算出する。請求債権のない申立ては、物件の評価額から算出する。

V 開始決定から代金納付まで

1 開始決定

　強制競売を申し立て、予納金等を納付してから2週間～1カ月ほどで開始決定【書式20】が発令され、裁判所書記官の嘱託による嘱託登記の完了後、開始決定が債務者に送達される。

　開始決定が手元に送達されたら、差押登記が正確になされたかチェックのために不動産登記事項証明書（不動産登記簿謄本）を取り寄せ、あるいはインターネット（〈http://www1.touki.or.jp/〉登録必要・有料）等で確認する。

　債務者への開始決定の送達は義務であり（民執45条）、差押えの効力（手続相対効）は、債務者に開始決定が送達されたとき（差押登記が先行している場合は、登記の時）に効力を生じる（同法46条）。

　保全・執行事件の場合、債務者が所在不明になり、送達が不能となることが比較的多い。開始決定が債務者に送達できなかった場合は、執行裁判所より債務者の所在調査を求められ、送達のための所要の手続（再送達の上申、就業場所への送達、付郵便送達、執行官送達、公示送達等）をとる必要がある。

【書式20】　強制競売開始決定

　　　　　　　　　　　　　　　　　　　　平成24年(ヌ)第△△△号

　　　　　　　　　　強制競売開始決定

　　　　　　　　　　　　当　事　者　　　別紙目録のとおり
　　　　　　　　　　　　請求債権　　　　別紙目録のとおり

　債権者の申立てにより、上記請求債権の弁済に充てるため、別紙請求債権目録記載の執行力のある債務名義の正本に基づき債務者の所有する別紙物件目録記載の不動産について、強制競売の手続を開始し、債権者のためにこれを差し

押さえる。
　なお、上記請求債権は債権者主張の金額である。

　　　　　　　　　　　　　　　　　平成24年〇〇月〇〇日
　　　　　　　　　　　　　　　　　東京地方裁判所民事第21部
　　　　　　　　　　　　　　　　　　裁判官　〇　〇　〇　〇

～～～～～～～～～～（目録類略）～～～～～～～～～～

これは正本である。

　　　　　　　　　　　　　　　　　平成24年〇〇月〇〇日
　　　　　　　　　　　　　　　　　東京地方裁判所民事第21部
　　　　　　　　　　　　　　　　　　裁判所書記官　〇　〇　〇　〇　㊞

2　開始決定から期間入札まで

(1)　手続の流れ

　開始決定発令後、執行裁判所が行う手続としては、現況調査命令、評価命令、売却基準価額の決定等諸々あるが（〔図6〕参照）、申立債権者の視点からすると、特段の問題がない限り（特段の問題として、無剰余の場合の通知、配当要求がされた場合の通知等がある）期間入札の通知まで執行裁判所から連絡・通知はなく、通常の執行手続上要求される行為もない。

　そうかといって満を持して期間入札の通知を待つだけでは心許ない。申立代理人としては、期間入札までの間、最低限でも3点セットの調査およびその結果に基づく所要の措置はとっておく必要がある。

(2)　3点セットの入手方法

　開始決定後、数カ月すると現況調査報告書、評価書が執行裁判所に提出される（東京地方裁判所の場合、現況調査報告書は発令から7週間後、評価書は同じく9週間後がそれぞれ提出期限とされている）ので、その閲覧・謄写を行う。執行裁判所からは、この点に関する情報提供は一切ないので、まめに執行裁判所に対して、現況調査報告書（サンプルとして【書式21】参照）、評価書

（サンプルとして【書式22】参照）が提出されたかどうかを電話で確認する。
　なお、庁によっては（東京地方裁判所）、3点セットが揃うまで、すなわち物件明細書（サンプルとして【書式23】参照）が作成されるまで債権者であっても閲覧・謄写を認めないところもあるので、その場合は3点セットが揃うのを待つ。また、3点セットが一般の閲覧のために裁判所に備え置かれると、ホームページ（前記不動産競売物件情報サイト）でも閲覧・プリントアウトが可能になるので、問題がなさそうな案件であれば、これを用いるのも便宜である（ただし、当然であるが個人情報等は黒塗りされる）。

【書式21】　現況調査報告書（サンプル）

```
                              平成○○年(ヌ)第○○○号
                              平成○○年○○月○○日受理
                              平成○○年○○月○○日提出



                       現況調査報告書




              ○○地方裁判所○○支部
                 執行官　○　○　○　○  印
        （注）チェック項目中の調査結果は、「■」の箇所の記載のとおり
```

```
                    物件目録
    (1)  所    在    ○○市○○町○丁目
         地    番    △△△△番△△
```

```
            地    目    宅　地
            地    積    ×××.××㎡

    (2) 所       在    ○○市○○町○丁目○○○○番○○
        家 屋 番 号    ○○○○番○○
        種       類    事務所　共同住宅
        構       造    木造亜鉛メッキ鋼板葺2階建
        床  面  積    1階　　×××.××㎡
                      2階　　×××.××㎡




                    （1枚目）
```

（土地・建物用）

不動産の表示	「物件目録」のとおり
住居表示	○○市○○町○丁目○○番○号
土　　　地	物件1
現 況 地 目	■宅地（物件1）　　　　□公衆用道路（物件　） □　　　（物件　）
形　　　状	■公図のとおり　□地積測量図のとおり □建物図面（各階平面図）のとおり　■土地建物位置関係図のとおり □
占 有 者 及 び 　専 有 状 況	■土地所有者　　□その他の者 　上記の者が本土地上に上記建物を所有し、占有している □
下記以外の建物 （目的外建物）	■ない □ある（詳細は「目的外建物の概況」のとおり）
その他の事項	

建　　　　物	物件２
種類、構造及び床面積の概略	■公簿上の記載とほぼ同一である。 □公簿上の記載と次の点が異なる（□主たる建物　□附属建物）。 　　□種　類： 　　□構　造： 　　□床面積：
物件目録にない附属建物	■ない　　┌種　類： □ある──┼構　造： 　　　　└床面積：
占有者及び占有状況	■建物所有者 　上記の者が１階事務所部分を事務所として使用している。 ■その他の者 　上記の者が本建物を住居として使用している。 ■「占有者及び占有権原」のとおり
上記以外の敷地（目的外土地）	■ない □ある　（詳細は「目的外土地の概況」のとおり）
その他の事項	「その他の事項」のとおり
執行官保管の仮処分	■ない　┌地方裁判所　　支部　平成　年（　）第　号 □ある　└保管開始日　　平成　　年　　月　　日
土地建物の位置関係	■建物図面（各階平面図）のとおり　■土地建物位置関係図のとおり

(注)　チェック項目中の調査結果は、「■」の箇所の記載のとおり

（２枚目）

（占有関係用〈２占〉）

占有者及び占有権原（物件２関係）

占　有　範　囲 占　　有　　者	□全部　■一部（２階西側） □債務者　■乙川次郎	□全部　■一部（２階東側） □債務者　■通称○○○以下不詳
占　有　状　況	□敷地　□駐車場　□ ■居宅□事務所□店舗□倉庫	□敷地　□駐車場　□ ■居宅□事務所□店舗□倉庫

第2章　不動産の強制競売（執行総論）

関係人の陳述及び提示文書の要旨	■陳述（■乙川次郎（占有者）） ■文書（■賃貸借契約書）	■陳述（■甲山一郎（所有者代表者）） □文書（□　　　　）
占有権原	■賃借　□使用借　□転借　□	■賃借　□使用借　□転借　□
占有開始時期	平成〇〇年〇〇月〇〇日	平成〇〇年〇〇月〇〇日（ころ）
最初の契約等　契約日	平成〇〇年〇〇月〇〇日	平成〇〇年〇〇月〇〇日（ころ）
最初の契約等　期間	平成〇〇年〇〇月〇〇日 ■平成〇〇年〇〇月〇〇日まで2年間 □期間の定めなし	平成〇〇年〇〇月〇〇日 □平成　年　月　日まで　年間 ■期間の定めなし
更新の種別	□合意更新　□自動更新　■法定更新	□合意更新　□自動更新　□法定更新
現在の契約等　期間	平成〇〇年〇〇月〇〇日 □平成　年　月　日まで　年間 ■期間の定めなし	年　月　日 □平成　年　月　日まで　年間 □期間の定めなし
契約等当事者　貸主	■所有者　□その他（　　　　）	■所有者　□その他（　　　　）
契約等当事者　借主	■占有者　□その他（　　　　）	■占有者　□その他（　　　　）
賃料・支払時	毎月金〇万〇,〇〇〇円 （毎月末日限り翌月分払） □前払（　　　　） □相殺（　　　　）	毎月金〇万〇,〇〇〇円 （毎月末日限り翌月分払） □前払（　　　　） □相殺（　　　　）
敷金・保証金	□ない　□敷金　□保証金 ■ある　金　〇万〇,〇〇〇円	■ない　□敷金　□保証金 □ある　金　　　　円
特約等	□譲渡転貸可　□	□譲渡転貸可　□
その他		
執行官の意見	■上記のとおり　□下記のとおり □「執行官の意見」のとおり 「関係人の陳述」のとおり	■上記のとおり　□下記のとおり □「執行官の意見」のとおり 「関係人の陳述」のとおり

（注）　チェック項目中の調査結果は、「■」の箇所の記載のとおり

（3枚目）

（関係人の陳述等用）

関係人の陳述等

陳述者 （当事者との関係）	陳述内容等

■乙川次郎 （賃借人）	1	略
■甲山一郎 （所有者代表者）	1	略

以　上

（注）チェック項目中の調査結果は、「■」の箇所の記載のとおり

（4枚目）

（調査経過用）

<table>
<tr><th colspan="3">調査の経過</th></tr>
<tr><th>調査の日時</th><th>調査の場所等</th><th>調査の方法</th></tr>
<tr><td>平成〇〇年〇〇月〇〇日
16：10〜16：40</td><td>物件所在地</td><td>物件確認調査、写真撮影、土地所有者兼建物所有者と面談聴取</td></tr>
<tr><td>平成〇〇年〇〇月〇〇日
〜</td><td>当　庁</td><td>所有者に期日通知等送付（無回答、連絡不能）評価人と期日調整等
有限会社〇〇〇不動産から電話聴取</td></tr>
<tr><td>平成〇〇年〇〇月〇〇日
10：00〜11：10</td><td>物件所在地</td><td>立入調査（2階部分一部続行）、写真撮影</td></tr>
<tr><td>平成〇〇年〇〇月〇〇日
〜</td><td>当　庁</td><td>占有者らに期日通知等送付</td></tr>
</table>

平成〇〇年〇〇月〇〇日 13：00～13：30	物件所在地	立入調査、写真撮影 賃借人乙川次郎と面談、占有関係調査
平成〇〇年〇〇月〇〇日 10：05～10：15	当　庁	土地所有者兼建物所有者から占有関係等電話聴取

(特記事項)
☐　平成　　年　　月　　日
　　目的物件は不在で施錠されていると予想されたので、立会人及び解錠技術者を同行して臨場した。
■　平成〇〇年〇〇月〇〇日
　　目的物件は不在で施錠されていたので、立会人〇〇〇〇を立ち会わせ、技術者に解錠させて建物内に立ち入った。
☐　平成　　年　　月　　日
　　休日・夜間執行許可の提示をした。
■　平成〇〇年〇〇月〇〇日
　　目的物件（2階西側）は不在で施錠されていると予想されたので、立会人及び解錠技術者を同行して臨場したが、占有者が解錠に応じたので解錠を中止した。

（注）　チェック項目中の調査結果は、「■」の箇所の記載のとおり

(5枚目)

【書式22】　評価書（サンプル）

平成〇〇年(ヌ)第〇〇〇号
平成〇〇年〇〇月〇〇日　現地調査
平成〇〇年〇〇月〇〇日　評　　価

〇〇地方裁判所〇〇支部　御中

評　価　書

　　　　　　　　　　　　　　　　　　　　　　　評価人　○　○　○　○

第1　評価額

一括価格（合計）	
金20,340,000円	
内　訳　価　格	
物件1	金6,250,000円
物件2	金14,090,000円

① 一括価格は、物件1、2の各不動産について、一括売却（民事執行法61条本文）を行うことを前提とした場合の合計価格である。
② 物件1の土地価格は物件2の建物のための敷地利用権価格を控除した価格であり、物件2の価格は当該敷地利用権付建物としての価格である。

第2　評価の条件
　1　本件評価は、民事執行法により売却に付されることを前提とした適正価格を求めるものである。
　　　したがって、求めるべき評価額は、一般の取引市場において形成される価格ではなく、一般の不動産取引と比較しての競売不動産特有の各種の制約（売主の協力が得られないことが常態であること、買受希望者は、内覧制度によるほか物件の内部の確認ができないこと、引渡しを受けるために法定の手続をとらなければならない場合があること、瑕疵担保責任がないこと等）等の特殊性を反映させた価格とする。

2 本件評価は、目的物件の調査時点における現状に基づいて評価するものである。

第3 目的物件の表示

番号	登記記録上	現 況
(1)	次頁物件目録記載のとおり	
(2)		住居表示：○○市○○町○丁目○番○号
特 記 事 項		

＊現況欄に記載のない事項については、ほぼ登記記録記載と同じである。

物件目録

(1) 所　　在　　○○市○○町○丁目
　　地　　番　　△△△△番△△
　　地　　目　　宅　地
　　地　　積　　200.00㎡

(2) 所　　在　　○○市○○町○丁目○○○○番○○
　　家屋番号　　○○○○番○○
　　種　　類　　事務所　共同住宅
　　構　　造　　木造亜鉛メッキ鋼板葺2階建
　　床 面 積　　1階　　　100.00㎡
　　　　　　　　2階　　　100.00㎡

第4 目的物件の位置・環境等
　1 対象土地の概況及び利用状況等（物件1）

位置・交通	○○線○○駅北東方約○○m（直線距離）に位置し、○道○○通に面する。

付近の状況	一般の住宅、事業所が混在する地域。	
主な公法上の規制等 (道路の幅員等の個別的な規制を考慮しない一般的な規制)	都市計画区分	市街化区域
	用途地域	第1種中高層住居専用地域
	建ぺい率	60%
	容積率	200%
	防火規制	防火地域
	その他の規制	第2種高度地区
画地条件 (規模、形状等)	規模	200.00m²
	形状	長方形地
	間口・奥行	間口南約○m、奥行約○m～○m
	地勢	ほぼ平坦地
接面道路	北東側現況幅員約○m市道に面する。 (建築基準法42条1項1号の道路)	
供給処理施設	上水道　　あり ガス配管　なし 下水道　　あり	
土地の利用状況等	物件(2)建物の敷地として使用されている。建物の配置は付属資料建物図面・各階平面図写しのとおり。	
特記事項	なし	

2　建物の概況及び利用状況（物件2）

区　分	主たる建物	
建築時期及び残存耐用年数	建築年月日	昭和○○年○○月○○日新築 （登記記録）
	経過年数	約○○年
	経済的残存耐用年数	約○○年
仕様	構造	木造亜鉛メッキ鋼板葺

	屋　根	カラートタン	
	外　壁	タイル風パネル板張り	
	内　壁	ビニールクロス張り等	
	天　井	ビニールクロス張り等	
	床	フローリング等	
	設　備	浴室、トイレ、集合郵便受	
床　面　積 （現　況）	1階　約100m²00、2階　約100m²00、 延面積　約200m²00		
現況用途等	種　類　事務所　共同住宅 間取り　（別添間取図面参照）		
品　　　等	総　　合　普通 使用資材　劣る 施　　工　普通		
保守管理の 状　　態	普通		
建物の利用 状　　況	1階部分を所有者が事務所等として使用し、2階共同住宅部分については第三者が借り受け入居中であり、その賃貸借の内容は次のとおりである。 〔間取図面(イ)の部分〕 貸　　　　主　株式会社○○○○ 借　　　　主　乙川次郎 最初の契約期間　平成○○年○○月○○日より2年間 現在の契約期間　平成○○年○○月○○日（法定更新） 賃　　　料　1か月○○，○○○円（前家賃） 敷　　　金　○○，○○○円 〔間取図面(ロ)の部分〕 貸　　　主　株式会社○○○○ 借　　　主　○○○（通称） 契約期間　平成○○年○○月○○日頃　期間定めなし		

	賃　　料　1か月○○，○○○円 敷　　金　なし 権　利　金　なし
特 記 事 項	なし

第5　評価額算出の過程
1　基礎となる価格
① 物件1（土地）

物件1の更地価格を算出し、これに建付減価を行って建付地価格を求めた。

物件 番号	更地価格 (円／m²)	地　積 (m²)	建付減価 補正率	建付地価格 (円)
1	94,000	×200	×0.95	≒17,860,000

更地価格：更地価格は下記の規準価格を中心に、その他の価格資料等を斟酌して決定した。

公示地　　○○－○○

公示価格　時点修正　標準化補正　地域格差　個別格差　標準画地価格
110,000円/m²×98/100×100/105×100/103×95/100≒94,000円/m²

◇時点修正：平成○○年1月1日から評価日までの推定変動率である。
◇標準化補正：……
◇地域格差：……
◇個別格差：……
建付減価補正：建付減価率を5％と判定した。

② 物件2（建物）

当該建物の再調達原価を、現在の建物建築費の推移動向、消費税課税等も考慮したうえ、標準的な建築費に比準して求め、これに耐用年数に基づく方法並びに観察減価法を併用した減価修正を行って、建物価格を判定した。

物件番号	再調達原価 (円／m²)	現況延床面積 (m²)	現価率	建物の価格 (円)
2	140,000	×200	×0.4	≒11,200,000

現価率
- 経過年数10年、経済的残存耐用年数10年、観察減価率20％
- 耐用年数に基づく方法と観察減価法を併用し、現価率を下記のとおり査定した。
- 現価率＝経済的残存耐用年数10年／(経過年数10年＋経済的残存耐用年数10年)×(1−0.2)＝0.4

2 評価額の判定

　前記1により求めた価格に、物件1の土地については敷地利用権等価格を控除し、建物については敷地利用権価格を加算し、競売市場修正等を施して、下記のとおり評価額を求めた。

① 敷地利用権価格

物件番号	建付地価格 (円)	敷地利用権等割合		敷地利用権価格 (円)
1	17,860,000	×0.50	法定地上権	＝8,930,000

(注) 売却により法定地上権が成立するものと解される。法定地上権割合は、近隣における借地権の取引慣行、課税上の割合等を参考に、建物の構造等、地上権としての特性等を勘案して判定した。

② 内訳価格及び一括価格

物件番号	基礎となる価格(円)	敷地利用権等価格の控除及び加算(円)	修正項目	競売市場修正	占有減価等	評価額(円)
1	17,860,000	−8,930,000	×1.0	×0.7		≒6,250,000
2	11,200,000	＋8,930,000	×1.0	×0.7	×1.0	≒14,090,000
		一括価格(合計)				20,340,000

修正項目：必要なし。
競売市場修正：－30％と判定した。
占有減価等：必要なし。

第6　参考価格資料
　1　地価公示価格（○○－○○）
　　所　　　　在：○○市○○町○丁目○番○号、「○○○○－○－○○」、
　　　　　　　　　（宅地・○○○ ㎡）
　　価　　　　格：○○○，○○○円／㎡
　　位　　　　置：○○線「○○」駅の○○方道路距離約○○ｍに位置する。
　　価　格　時　点：平成○○年1月1日
　　地　　　　積：
　　供給処理施設：
　　接　面　道　路：○側○．○ｍ○道に接面
　　用　途　指　定　等：○○○○○○○地域（建蔽率○○％、容積率○○○％）
　　地　域　の　概　要：中規模の一般住宅、アパート等が混在する住宅地域

　2　固定資産税評価額（平成○○年度）
　　物件1　　○○，○○○，○○○円
　　物件2　　○○，○○○，○○○円

第7　附属資料の表示
　　　　位置図
　　　　公図写
　　　　建物図面・各階平面図　〔略〕
　　　　間取図
　　　　現況写真

平成○○年○○月○○日
評価人　不動産鑑定士
○　○　○　○　㊞

【書式23】 物件明細書（サンプル）

平成○○年（ヌ）第　　号

物　件　明　細　書

平成○○年○○月○○日
○○地方裁判所○○支部民事部
裁判所書記官　○　○　○　○　印

1　不動産の表示
　【物件番号1、2】
　　別紙物件目録（略）記載のとおり

2　売却により成立する法定地上権の概要
　　なし

3　買受人が負担することとなる他人の権利
　【物件番号1、2】
　　なし

4　物件の占有状況等に関する特記事項
　【物件番号1】
　　本件所有者が占有している。
　【物件番号2】
　　本件所有者、乙川二郎及び通称○○が占有している。

5　その他買受けの参考となる事項
　　なし

《　注　意　書　》

1　本書面は、現況調査報告書、評価書等記録上表れている事実等を記載したものであり、関係者の間の権利関係を最終的に決める効力はありません（訴訟等により異なる判断がなされる可能性もあります）。

2　記録上表れた事実等がすべて本書面に記載されているわけではありませ

> んし、記載されている事実や判断も要点のみを簡潔に記載されていますので、必ず、現況調査報告書及び評価書並びに「物件明細書の詳細説明」も御覧ください。
> 3　買受人が、占有者から不動産の引渡しを受ける方法として、引渡命令の制度があります。引渡命令に関する詳細は、「引渡命令の詳細説明」を御覧ください。
> 4　対象不動産に対する公法上の規制については評価書に記載されています。その意味内容は「公法上の規制の詳細説明」をご覧ください。
> 5　各種「詳細説明」は、閲覧室では通常別ファイルとして備え付けられています。
>
> 1ページ

(3) 調査のポイント

調査のポイントは、以下①～④のとおりである。

① 不動産の評価額

② 不動産の評価額が想定以上に低額の場合は、評価書を精査し、その減価要因（事実誤認、計算違い、鑑定手法の誤り等、評価そのものに内在する要因か、不法占拠者、反社会的勢力の存在、執行妨害等の外在的要因か）をさぐる

③ 減価の要因が外在的要因による場合は、現況調査報告書を精査し、事実関係の把握に努める

④ 物件明細書に想定外の「買受人が負担することとなる権利」が認定されていないか（最先の（第1順位）抵当権設定登記前に対抗要件を具備した、いわゆる「最先の賃借権」等）。

(4) 対　策

(A) 不動産の評価額が高い場合

喜ばしいことであり、本質的には問題ないが、請求債権を一部請求（保有債権のうち一部での請求）し、請求債権額を超えて剰余が発生する場合、放

置すれば所有者（債務者）に剰余金が支払われてしまうので、直ちに対抗措置をとる必要がある。

　残部についても債務名義を取得しているのであれば、有名義債権者として直ちに配当要求の手続を行う（民執51条）。取得していなければ、直ちに不動産仮差押えの手続をとり、「差押えの登記後に登記された仮差押債権者」として配当要求する（同法同条）。

　なお、配当要求は、配当要求の終期（通常は、債務者への送達完了から1～2カ月後）までに行わなければ配当を受けられないが（民執87条1項2号）、配当要求の終期は、その時から3カ月以内に売却許可決定が有効になされない場合は自動的に3カ月延長されるので（同法52条）、仮に配当要求時にすでに配当要求の終期が到来していても、諦めず手続をとっておく必要がある。

　(B)　内在的要因により評価額が低い場合

　上申書により評価書の是正を求める。効果がない場合あるいはそもそも効果を望めない場合は、執行異議の申立てを行う（民執11条）。

　(C)　物件明細書の認定が、事実誤認（認定の根拠となった資料が偽造の場合も含む）、法的評価の誤りに基づく場合

　この場合は、直ちに上申書により物件明細書の是正を求める。効果がない場合あるいはそもそも効果を望めない場合は、執行異議の申立てを行う（民執63条3項）。

　(D)　評価書における減価や物件明細書の認定が不法占拠者、反社会的勢力の存在、執行妨害等の外在的要因による場合

　この場合は、執行法上の保全処分である「売却のための保全処分」（民執55条）の申立てを検討し、必要に応じて実行する（本書では、執行法上の保全処分には触れない。参考文献として、高橋光一『書式民事執行法上の保全処分の実務〔第二版〕』、須藤英章ほか編『Q&A担保・執行法の要点〔新版〕』204頁以下参照）。

　(5)　〈Case ②〉の場合

　〈Case ②〉では、評価書における評価額は3200万円であり、売却基準価額

は金3200万円と決定され、担保評価額に見合っていた。また、現況調査報告書によれば、現状空室であり、占有者はいないとのことであり、特段問題はなかった。

3 期間入札から配当期日まで
(1) 期間入札

3点セットが出揃い、売却実施命令が発令されると、期間入札の公告がなされる。申立債権者には、期間入札の通知（【書式24】）がなされる。

期間入札（民執規則34条）とは、一定期間の入札期間を定めて、その期間内に入札希望者は、保証金を提供（民執66条、入札額の2割とする例が多い）したうえでその証明と入札額を記載した入札書を執行官に交付または郵送し、開札期日に入札書を開き、最も高額で入札した者を買受人と決定する売却方法である。

かつては期日入札（入札者が入札期日に一同に会し、入札後、即時に開札する方法）の方法が主流であったが、悪質な不動産ブローカー等が他の入札希望者を威圧するなどして入札を諦めさせ、自己に有利な金額で落札する等の弊害がみられたため現在は、ほぼ期間入札の方法によって売却が実施される。

【書式24】 期間入札の通知

```
                                    平成○○年(ヌ)第△△△号

                    通　知　書

   ○○　○○　殿
              平成○○年○○月○○日
                ○○地方裁判所○○支部民事部
                  裁判所書記官　○　○　○　○

                          当事者　別紙目録記載のとおり
```

別紙物件目録記載の不動産に対する上記当事者間の強制競売事件について、下記のとおり売却を実施するので通知します。

(1) 期間入札
　　入札期間　　　　平成○○年○○月○○日から
　　　　　　　　　　平成○○年○○月○○日まで
　　開札期日　　　　平成○○年○○月○○日午前△△時△△分
　　同期日を開く場所　○○地方裁判所○○支部売却場
　　売却決定期日　　平成○○年○○月○○日午前××時××分
　　同期日を開く場所　○○地方裁判所○○支部民事部
売却基準価額（かっこ内は買受可能価額）
　　物件１、２　　　　金**,***,***円（　　　　**,***,***円）
(2) 特別売却（(1)期間入札において買受けの申出がないとき）
　　買受けの申出先　　○○地方裁判所○○支部執行官
　　買受人の決定方法
　　先着順（電話・手紙による買受申出は不可。同時に買受けの申出をした者があるときは、別に定める基準による）
　　売却実施の期間　平成○○年○○月○○日から
　　　　　　　　　　平成○○年○○月○○日まで
　　売却価額　　　　買受可能価額以上の金額で、買受申出人が申し出た金額

　　買受申出の保証
　　売却基準価額の10分の２に相当する金銭又は執行裁判所が相当と認める有価証券を執行官に提出する方法による。

1　物件明細の備置きは、平成○○年○○月○○日から入札期間終了日までです。
2　申立債権者からの延期申請（延期、１回限り、６ヶ月まで。また、二重開始決定のされている事件については、後行事件の申立債権者の同意が必要。）は来る平成○○年○○月○○日まで可能です。

(2) 開札

　開札期日に、落札者（最高価買受申出人）の有無と落札額のチェックを行う。

　確認方法として、落札者の氏名・名称まで知りたい場合は、記録の閲覧・謄写を行うことになるが、落札の有無と落札額のみであれば、開札期日当日に、既述したインターネット上のホームページ（不動産競売物件情報サイト）の「売却結果」のページから簡単に確認できる。

(3) 落札後の進行

　開札期日の約1週間後に売却決定期日が開かれ、売却不許可事由がなければ（民執71条）、売却許可決定が発令され、正式に買受人が決まる。

　買受人は、書記官が定めた代金納付日（民執78条、売却許可決定確定の日から2カ月程度とされることが多い）までに残代金（買受申出の保証金は代金に充当される）を全額支払う義務を負う。代金納付日までに残代金を支払わなかった場合、買受申出の保証金は没収され配当原資となり（同法80条1項）、次順位買受申出人（同法67条）が存在する場合は、裁判所はその者に対し売却の許可・不許可を判断し（同法80条2項）、存在しない場合は、再度、売却を実施する。

　残代金が納付されると、その時に買受人に物件の所有権が移転し（民執79条）、書記官は、所有権移転登記および売却により消滅する権利（同法59条）の抹消登記を嘱託する。

　代金納付により以後、強制競売事件は配当手続に進む。

(4) 落札者がいない場合の進行

　落札者が現れなかった場合、開札期日の翌日から、一定の期間を定めて特別売却（民執規則51条1項）が実施される（東京地方裁判所での運用。申立債権者からの申出を受けて特別売却を実施する取扱いもある）。

　特別売却とは、買受可能価額以上の金額で、先着順（早い者勝ち）で買受人を決定する売却方法である。

　特別売却を実施しても買受人が現れなかった場合、不動産価額を再評価の

うえ、再度売却基準価額を決定し（30％ほど減価する場合が多い）、期間入札、特別売却を実施する。2回目で落札者が現れなかった場合も同様の手順が繰り返され、3回目の期間入札、特別売却を行う。

3回目で落札者が現れなかった場合、手続は停止し、執行裁判所はその旨を申立債権者（差押債権者）に通知する（民執68条の3第1項）。申立債権者が、3カ月以内に買受けの申出をしようとする者が存在することを理由に売却実施の申出をしないと強制競売事件は取り消される（同条2項・3項）。実務では「3振アウト」とよんでいる。

⑸　〈*Case* ②〉の場合

〈*Case* ②〉では、3210万円で落札され、売却許可決定、代金納付が無事行われた。また、B銀行の届出債権額は2000万円であった。

VI　配当手続

1　弁済金交付と配当

代金納付がなされ配当原資が形成されると、強制競売事件は配当等（配当または弁済金交付）の手続に進む（民執84条）。

債権者が1人または債権者が複数であっても売却代金等の配当原資により全額の支払いができる場合は、単純に債権者1名に対し弁済または単純に債権者に全額の弁済を行うだけなので、弁済金交付手続が行われる（民執84条2項）。

一方、債権者が複数で配当原資により全額の支払いができない場合、法的な債権の優劣等の判断を経なければ支払額が確定しないため、配当表を作成し、配当が行われる。

〔図7〕 弁済金交付

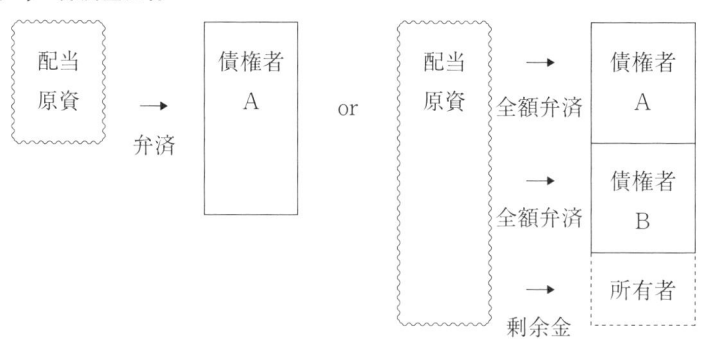

〔図8〕 配　当

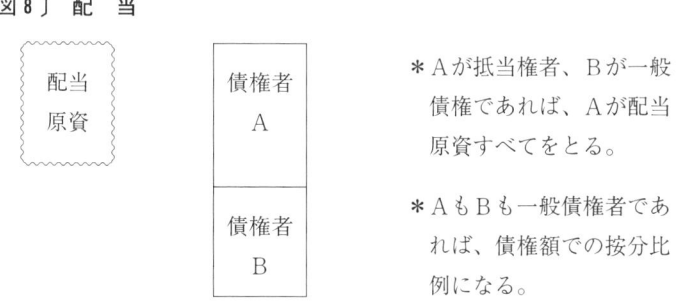

＊Aが抵当権者、Bが一般債権であれば、Aが配当原資すべてをとる。

＊AもBも一般債権者であれば、債権額での按分比例になる。

2　配当期日の呼出しおよび計算書提出の催告

　代金が納付されると、配当期日（代金が納付された日から1カ月以内の日）が定められ、申立債権者に呼出状【書式25】と計算書【書式26】が送付される。配当日現在の債権額を記載し、提出期限は1週間と定められているので、遅れないように提出する。

　執行費用は、以下のとおり、厳密には共益費用たる手続費用と共益費用ではない執行費用（非共益費用）に分けられる。

〔図9〕 執行費用

執行費用 ┌ 手続費用（申立手数料、登録免許税、現況調査手数料、不動産評価料等）
　　　　 └ 非共益費用（各書類提出費用、地代代払い許可に基づき支払った地代、売却のための保全処分に要した費用等）

　手続費用は、執行裁判所が記録中から職権で認定するので、申立債権者が計算書に記載しなくても配当表に記載されるが、非共益費用に関しては、計算書に計上しなければ配当を受けることができなくなるので、これらの費用も請求する場合は、記載を落とさないよう注意する。

　配当手続において、非共益費用である執行費用は、元本、利息、損害金に先立って充当されるため、配当額が請求債権額を下回る場合、すなわち、配当において剰余金が発生しない場合は、配当額そのものは変わらず単にその内訳が変化するだけなので、回収金額の観点からはこれを請求する実益がない。剰余金が発生する場合は、配当総額が増加するので、回収金額の観点からも請求する実益がある。

【書式25】　配当期日呼出状及び計算書提出の催告書（〈*Case ②*〉）

平成24年（ヌ）第○○号

配当期日呼出状及び計算書提出の催告書

若　　　　殿
　　平成25年○○月○○日
　　東京地方裁判所民事第21部
　　　　裁判所書記官　　○　　○　　○

当事者　別紙目録のとおり　（略）

　別紙物件目録（略）記載の不動産に対する上記当事者間の強制競売事件について、配当期日が下記のとおり指定されたので、同期日に当部不動産配当係

(東京地方裁判所民事執行センター3階（目黒区目黒本町二丁目26番14号））に出頭してください。

　債権者（交付要求庁を含む。）は計算書を1週間以内に提出してください。

記

平成25年○○月○○日午前○○時○○分

物件1、2　　　売却代金　　32,000,000円

　　　　　　　代金納付日　平成25年○○月○○日

【書式26】　債権計算書

配当期日　平成○○年○○月○○日午前○○時00分

担当書記官

平成○○年(ヌ)第○○○○号

債権計算書

東京地方裁判所民事第21部　御中　　　　　平成　　年　　月　　日

〒　　　　　　　　住所

　　　　　　　　　氏名　　　　　　　　　　　　　　　　　印

　　　　　　　　　電　話　　（　　　）

　　　　　　　　　担当者

債権額の計算は下記のとおりです。

　　債権額合計　　金　　　　　　　円

元金番号	債権発生の年月日及びその原因	元金現在額	債務名義・仮差押命令（裁判所及び事件番号等で特定する。）又は担保権の表示（登記所及び登記の受付番号で特定する。）
合計（円）			

元金番号	期　間	日数	利率	利息・損害金の別	利息・損額金現在額
合計（円）					

執行費用の内訳	
項　目	金　額
合計（円）	

（注）　利息損害金について特約（例、年365日の日割り等）がある場合には、余白を利用する等して必ず記載してください。申立債務者が要した共益費用は職権で認定します。実額を請求するときは執行費用の内訳欄に記載してください。ただし、記載した費用のすべてが認められるわけではありません。

3　配当見込額および配当表原案の確認

　東京地方裁判所の運用では、「配当見込額照会書」（【書式27】）をFAXまたは送付（債権計算書とあわせて送付するのが便宜である）しておけば、配当表原案が作成され次第、配当見込額等を記載のうえ、返信してもらえる。

　配当見込額が判明したら、売却代金額から予想される配当見込額と照合する。その金額に大きな乖離があるような場合は、配当異議の申出（民執89条）、配当異議の訴え（同法90条）を検討する必要があるので、配当表の原案を確認し、乖離の理由を追究する。

　東京地方裁判所の運用では、配当期日の3日前から、執行センター不動産配当係で配当表原案をみることができる。

　乖離の理由が、配当表（原案）の誤り（計算間違い、事実誤認、法的判断の誤り等）にある場合は、まず、執行裁判所にその理由を指摘のうえで上申書

等で是正を求める。

執行裁判所による是正がなされない場合は、配当異議の訴えによらなければ配当表の是正はできない。配当異議の訴えは、配当期日に配当異議の申出を行ったことが訴訟要件であり、かつ、配当異議の申出後1週間以内に、執行裁判所に対し、訴えを提起したことの証明をしなければならず、かなり厳しい日程になるので、迅速に配当異議の申出および配当異議の訴えの準備を行う。

〔図10〕 配当異議訴え提起までの日程

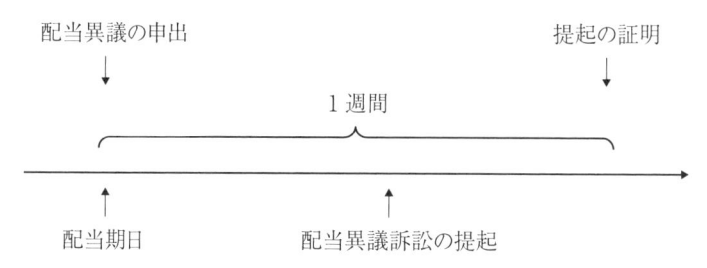

```
    配当異議の申出                              提起の証明
         ↓                                        ↓
         ⎧―――――――――― 1 週間 ――――――――――⎫
    ―――――↑―――――――――――――↑―――――――――――→
         配当期日              配当異議訴訟の提起
```

【書式27】 配当等見込額照会書（サンプル）

配当等見込額照会書

平成14年2月14日

東京地方裁判所民事第21部不動産配当係

　　担当書記官 | 丙　野　三　郎 | 殿

　　FAX　03-5721-4678
　　TEL　03-5721-4783

債権者株式会社霞が関銀行

担当者　丁　野　四　郎

FAX　03-3580-2619

TEL　03-3580-2619

1　事件番号平成13年（ケ）第7654号

2　配当期日平成14年2月19日午前10時30分

債務名義，担保権等の表示	配　当　等　見　込　額
手続費用	円
東京地裁平成12年(ワ)第70000号判決	円
H10.6.12付第1234号根抵当権	円
（交付要求庁の例）	円
戊野五郎　1,234,500円	円

　　　□　配当等見込額は，上記のとおりです。
　　　□　還付予納金は，次のとおりです。

還付予納金	円

　　　平成　年　月　日
　　　　　東京地方裁判所民事第21部不動産配当係
　　　　　　　　裁判所書記官

（注意）
1　点線より上の太枠内以外は，全て照会者において記入してください。
2　担当書記官名は，呼出状記載の書記官を記載してください。
3　交付要求庁については，「債務名義，担保権等の表示」欄に，交付要求書ごとの滞納者及び交付要求額を記載してください。

4　配当期日

　配当見込額に問題がなく、配当異議の必要がない場合、期日に出頭する必要性に乏しい。出頭しない場合、配当期日までに配当金等支払請求書（【書式28】、記載例付き。書式自体は、既出のインフォメーション21のホームページからダウンロードできる）2部を執行裁判所宛てに送付しておけば、指定した口座（請求者本人または代理人名義の口座に限定される）に配当金等を振込送金してもらえる。

配当金の支払いをもって、強制競売事件が終了する。

配当期日に出頭しない場合、配当表写しの交付を受けられないので、必要な場合は、適宜の用紙に、担当書記官名、事件番号、配当期日等を明記のうえ、「配当表等の写しの郵送を希望する」旨記載し、郵便切手（定型の場合は90円）を貼った返信用封筒を同封のうえ、担当書記官宛てに送付する（配当期日から1カ月経過後は、通常の記録謄写の方法による）。

また、債務名義の正本を提出している場合、債務名義の還付請求をしなければその返還を受けられないので、債務名義の還付請求【書式29】も行う必要がある。

上記の「配当表写しの郵送請求」、「債務名義の還付請求」は、「配当金支払請求書」の送付の際にまとめて行うと便宜である。

5 〈*Case* ②〉の場合

配当見込額（手続費用込み）は、想定どおり1210万円であり、特段問題がなかった。配当期日には出頭せず、「配当金支払請求書」を送付し、配当金の振込送金を受けて、強制競売による回収が終了した。

第2章 不動産の強制競売（執行総論）

【書式28】 配当金等支払請求書

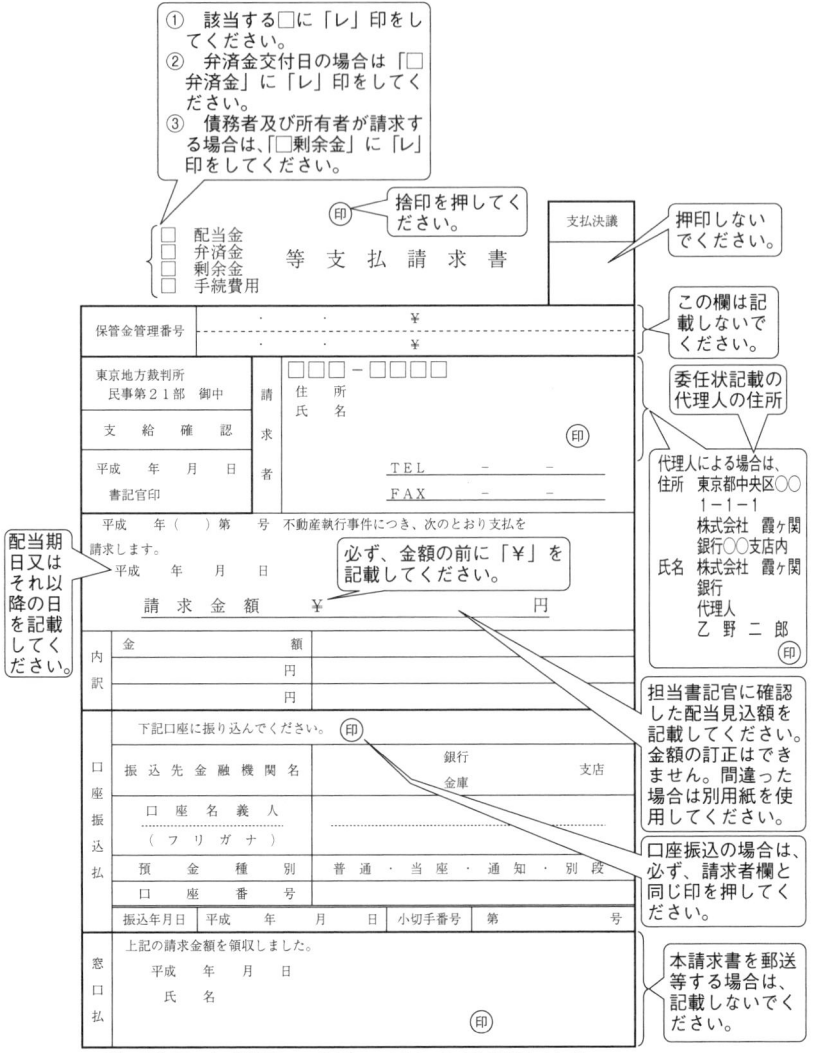

配当金等支払請求書

① 該当する□に「レ」印をしてください。
② 弁済金交付日の場合は「□弁済金」に「レ」印をしてください。
③ 債務者及び所有者が請求する場合は、「□剰余金」に「レ」印をしてください。

□ 配当金
□ 弁済金
□ 剰余金
□ 手続費用

捨印を押してください。

支払決議　押印しないでください。

この欄は記載しないでください。

保管金管理番号　￥
　　　　　　　　￥

東京地方裁判所　民事第21部　御中
支給確認
平成　年　月　日
書記官印

請求者
住所　□□□－□□□□
氏名　　　　　　　　㊞
TEL　－　－
FAX　－　－

委任状記載の代理人の住所

代理人による場合は、
住所　東京都中央区○○
　　　１－１－１
　　　株式会社　霞ヶ関
　　　銀行○○支店内
氏名　株式会社　霞ヶ関
　　　銀行
　　　代理人
　　　乙野二郎　㊞

平成　年（　）第　号　不動産執行事件につき、次のとおり支払を請求します。
平成　年　月　日

配当期日又はそれ以降の日を記載してください。

必ず、金額の前に「￥」を記載してください。

請求金額　￥　　　　　円

内訳
金額
　　　円
　　　円

担当書記官に確認した配当見込額を記載してください。金額の訂正はできません。間違った場合は別用紙を使用してください。

口座振込
下記口座に振り込んでください。㊞
振込先金融機関名　　　銀行　　　支店
　　　　　　　　　　　金庫
口座名義人（フリガナ）
預金種別　普通・当座・通知・別段
口座番号
振込年月日　平成　年　月　日　小切手番号　第　　号

口座振込の場合は、必ず、請求者欄と同じ印を押してください。

窓口払
上記の請求金額を領収しました。
平成　年　月　日
氏名　　　　　　㊞

本請求書を郵送等する場合は、記載しないでください。

※ 持参、送付を問わず、本請求書は、2部提出してください（2部とも押印したもの）。

【書式29】 債務名義還付申請書（《Case ②》）

平成24年（ヌ）第○号
債　権　者　　Ｘ債権回収株式会社
債　務　者　　Ｙ株式会社

債務名義還付申請書

平成25年○月○日

東京地方裁判所民事第21部　御中

債権者代理人弁護士　　　　甲
同　　　　　　　　　　　　若

　頭書事件につき、事件が終了したので、債務名義・送達証明書の還付を申請致します。

受　　　　書

下記書類を受領しました。
1　執行力ある債務名義の正本　　　　通
2　同送達証明書　　　　　　　　　　通
3　　　　　　　　　　　　　　　　　通

平成○○年○月○日

東京地方裁判所民事第21部　御中

債権者代理人弁護士　　　　甲
同　　　　　　　　　　　　若

第3章 債権の仮差押えおよび執行

I 受任の経緯と弁護士間の事前打合せ（ヒアリング時の留意点）

―〈*Case* ③〉―

X銀行株式会社から、「債務者Z株式会社の連帯保証人（代表者Y）に対する債権仮差押えを検討しているので打合せしたい」とのメールがあった。

甲弁護士（以下、単に「弁護士」という）とその後輩弁護士（以下、「若先生」という）は、X銀行株式会社（以下、「X社」という）の担当社員乙氏（以下、「X社員」という）との打合せの準備としてミーティングを行った。以下はその内容であり、ヒアリング時の留意点に即して記述してある。

1 一般的留意事項

若先生「甲先生、今回は私が中心となって事件処理してみたいので、指導をお願いします」

弁護士「わかりました。まず一般論として、本件は、銀行が業務として債権回収を行うという極めてビジネスライクな事案ですね。このような依頼者の感情面を考慮する必要がない事案では、『依頼者の話をじっくり聴き取る。依頼者に話をさせる』というやり方では要点をつかみきれず、逆に大事な事実を聴けなかったりします。

事前にある程度事件処理の目処を想定し、その想定に必要な事実をこちらから積極的に聴いていくというスタンスが大事です」
若先生「わかりました。ですが、今回のX社員からのメールだけでは漠然としすぎていて、つかみ所がない気がしますが……」
弁護士「そうでもないですよ。ある程度の経験は必要になりますが、メールの文面からだけでも、『連帯保証人が保全債務者』、『債権に対する仮差押え』という類型が判明しますし、最終的な回収手段として、債権執行の必要があることが予想されます」

2　債権概況の把握

弁護士「個別的な留意点として、まず債権の概況から聴きます。
　　　　本件では、対象となる請求債権は連帯保証債務履行請求権になりますが、まずは、いわゆる主債務（主債権）から固めていきます」
若先生「どのような点を聴き取りますか？」
弁護士「事前にクライアントに表にまとめてもらっておくと便宜なのですが、以下のとおりです。

- 債権の個数（口数）
- 債権の種別（発生原因は何か？　手形貸付か証書貸付か等）
- 保全（物的担保や保証協会等の優良保証の有無）
- 各債権の現在残元金額
- 延滞の有無と時期、期限の利益喪失の有無
- 未収利息・損害金の額
- 契約書等への債務者の署名・押印は真正か？」

若先生「主債務が固まって、保証債務の対象がこれで確定されるわけですね。保証債務そのものについては、どのような点に留意すればいいですか？」
弁護士「まずは、保証の種類です。一件保証なのか限度保証なのか包括保

証なのか」

若先生「もう少し詳しくお願いします」

弁護士「一種の業界用語ですが、

- ・一件保証とは、個別の債務に対し、当該債務のみを保証するもの
- ・限度保証とは、極度額の範囲で銀行取引（基本契約）から生じる一切の主債務を保証するもの
- ・包括保証とは、極度額の定めなく、銀行取引（基本契約）から生じる一切の主債務を保証するもの、

です」

若先生「先生、貸金等債務が含まれる包括保証は、民法465条の2第2項により無効です。限度保証のみ『貸金等根保証契約』として認められているのではないですか？」

弁護士「ご指摘のとおり。平成16年の民法改正で極度額を定めない貸金等根保証契約は効力を有しないこととなりましたが、改正以前の包括保証の効力まで無効にするものではありません（平成16年12月1日法律第147号改正附則3条）。

　平成25年現在において、まだ民法改正前の包括保証が生きている事例は散見されます」

若先生「勉強になりました」

弁護士「意外な盲点としては、『保証』か『連帯保証』かの区別もきちんとみておく必要があります。これは、保証契約書の問題ですが、タイトルとして『連帯保証』とあっても、条項中に連帯の特約の文言がきちんと入っているかチェックします。裁判官との面接の時に意外と突っ込まれたりします。『連帯』の特約がないと保証人は催告の抗弁・検索の抗弁を有することになりますから、これら抗弁の不存在事由等の主張・疎明の追完を求められることになります（第1章Ⅱ2（11頁）参照）」

若先生「その他、留意する点はありますか？」
弁護士「保証人への請求の場合、しばしば保証否認が問題になります。きちんと保証契約が成立しているか、言い換えれば保証否認されないか、その観点からの聴取りは、保証債務の場合特に重要です。
　　　　具体的には、
　　　　・保証書に押印されている印影は、保証人の印鑑か［実印か］
　　　　・印鑑証明書はあるか
　　　この２点は、文書の真正成立に関する『二段の推定』（最判昭和39・5・12民集18巻4号597頁）の前提事実として最低限必須です。
　　　しかし、二段の推定は事実上の推定にすぎません。署名が自署でなかったり、保証意思の確認をおろそかにすると比較的簡単に推定が破れます。ですので、以下の点もきちんと聴き取っておいたほうがよいでしょう。
　　　　・保証書の署名は、保証人の自署か
　　　　・保証意思の確認はとったか。またその方法（電話か面談か）」

3　対象資産の把握

弁護士「『債権』とひと口にいっても、さまざまな請求権が存在するわけですから、対象は何かということをまずは聴き取り、固めます。
　　　類型的に対象として考えられるものは、預貯金、給与、役員報酬、生命保険金、売掛金、賃料等ですね」
若先生「上場株式や社債は、債権仮差押えの対象とはならないのですか？」
弁護士「平成21年1月5日から、社債、株式等の振替に関する法律が施行され、上場株券等が電子化されました。これにより、要は債務者が証券会社に開設した『証券口座』を押さえることになりました。
　　　その強制執行に関しては、民事執行規則第8款で『振替社債等に関する強制執行』として『債権執行』とは異なる執行方法によ

　　　　　ることとなります。仮差押えの場合は、民事保全規則42条で手続が定められています。
　　　　　　『債権執行』、その保全である『債権仮差押え』とは権利関係や執行方法が異なりますので『債権執行』、『債権仮差押え』の対象にはならず、『その他財産権に対する強制執行』（民執167条1項）あるいは『その他財産権に対する仮差押え』（民保50条4項）の規定に従って仮差押え、執行を行うことになります」

若先生「理屈はわかりました。具体的にはどういうことになるのですか？」

弁護士「債権仮差押えとは別に『振替社債等仮差押え』を申し立てる必要があるというだけです。
　　　　　　たとえば、預金と保険金が対象資産だとしたら債権仮差押命令申立書を1通書いて、『差押債権目録』に預金と保険金を記載すればいいだけですが、もしこれに付加して上場株式が存在した場合は、債権仮差押命令申立書1通のほかに振替社債等仮差押命令申立書（【書式30】）をもう1通作成して、2件の仮差押命令申立てを行います」

若先生「ゴルフ会員権なんかも比較的よく耳にしますがこれはどうなりますか？」

弁護士「ゴルフ会員権は一概にいえないですね。そもそも『ゴルフ会員権』という権利自体が法律で明確に規定されているわけではないですから。類型的に分類すると、ゴルフ場の経営方式に応じて、社団会員制、株主会員制、預託金会員制に分けられます。前二者に関しては、その他財産権として株式なり出資持分を対象とすることになるでしょう。
　　　　　　最も多い類型が預託金会員制のゴルフ会員権だと思いますが、これは、施設利用権（プレー権）と預託金返還請求がくっついたものと考えられていますので、この一体化した権利＝ゴルフ会員

権としかいいようがないですが、その他財産権としてこれの仮差押えをすることになります」

弁護士「債権のおおまかな種別が把握できたら、次に債権の特定が可能か聴き取ります（民保規則19条2項1号、民執規則133条2項）。債権の特定として最低限必要な要素は、

①　第三債務者の住所・氏名

②　債権の発生原因

です」

若先生「『（仮）差押債権の額』は？」

弁護士「それは割り付けの説明の時に話します（本章118頁）」

若先生「発生原因としてはどこまで詳しく特定する必要がありますか？」

弁護士「抽象的にいえば、第三債務者が識別できる程度です。具体的には、債権の種類によりけりということになりますが、書式集（東京地裁保全研究会編『書式民事保全の実務〔全訂五版〕』、園部厚『書式債権・その他財産権・動産等の執行の実務〔全訂13版〕』）の「（仮）差押債権目録」の記載例が参考になります。記載例の程度まで特定できていれば、仮差押命令申立てが却下されることはないでしょう」

若先生「銀行預金なのですが、これは支店まで特定する必要はあるのですか？」

弁護士「実務運用では、支店の特定まで求めています。支店を特定しないで、『○○銀行』だけでは却下されるでしょう。

「全店一括順位付け方式」も駄目ですし（最決平成23・9・20判タ1357号65頁）、「預金額最大店舗指定方式」も排斥されました（最決平成25・1・17判タ1386号182頁）」

若先生「後でもう少し詳しく教えてください」

弁護士「いいですよ（本章126頁）」

【書式30】 振替社債等仮差押命令申立書

振替社債等仮差押命令申立書

平成○年○月○日

東京地方裁判所民事第9部　御中

債権者代理人弁護士　○　○　○　○

　　　　　　　　当事者の表示 ⎫
　　　　　　　　振替社債等目録　⎬別紙目録記載のとおり
　　　　　　　　請求債権の表示　⎭

申立の趣旨

1　債権者が債務者に対して有する前記請求債権の執行を保全するため、債務者が有する別紙振替社債等目録記載の振替社債等は、仮にこれを差し押さえる。
2　債務者は、前項により仮に差し押さえられた振替社債等について、振替若しくは抹消の申請又は取立てその他の処分をしてはならない。
3　振替機関等は、第1項により仮に差し押さえられた振替社債等について、振替及び抹消をしてはならない。
との裁判を求める。

申立の理由

　　第1　被保全権利
　　　　（以下略）

（資料3）　振替社債等目録

振替社債等目録

1　仮差押えの目的及び限度
　　債務者が振替機関等の加入者（顧客）として有する振替社債等（振替口座

簿中の各口座に銘柄ごとの数が記載又は記録される振替社債等については、金融商品取引所に上場されているもの又は上場されていないが振替機関等において基準価額を把握することができるものに限る）のうち、2の順序に従い、金1800万円（換価に際して差し引かれる源泉徴収額及び手数料等の額を控除後の金額）に満つるまで。

ただし、振替口座簿中の各口座に銘柄ごとの数が記載又は記録される振替社債等については、1の権利を次の各場合に応じた価格により換算（振替株式は1株に満たないもの、その他は取引単位に満たないものを切り捨て）するものとする。

(1) 上場されている場合

　　仮差押命令が振替機関等に送達された日（その日が休日の場合は直近の取引日）の取引所の基準値段（複数の取引所に上場されている場合は、最高値）

(2) 上場されていないが振替機関等において基準価額を把握することができる場合

　　仮差押命令が振替機関等に送達された日（その日が休日の場合は直近の取引日。なお、当日の基準価額算定前の場合はその前日）の基準価額

2　仮差押えの順序
　(1) 複数の銘柄の振替社債等があるときには、次の順序とする。
　　ア　先行する、①仮処分の執行、②滞納処分による差押え、③担保権の実行による差押え、④強制執行による差押え、⑤仮差押えの執行、⑥没収保全の執行、のいずれもされていないもの
　　イ　①から⑥までのいずれか又はそのいくつかがされているもの
　(2) 同じ順位のものの間では、振替社債等の銘柄に付されたコード番号（ただし、振替機関等において、振替社債等の銘柄ごとに異なる種類のコードを用いて管理している場合であって、仮差押えの目的となる振替社債等が複数存在し、これらが異なる種類のコードで管理されている場合は、国内証券についてはISINコードから国名コード及びチェックデジットを除いた番号、外国証券については新証券コード番号）の若い順

3 仮に差し押さえられた振替社債等につき、発行者が次の各行為をするために、振替機関等に対し、増加比率、交付比率又は割当比率等を通知し、これに基づき、振替機関等において、仮に差し押さえられた振替社債等が記載又は記録された債務者の口座の保有欄に振替社債等の増加又は増額の記載又は記録をしたときは、その増加又は増額の記載又は記録がされた振替社債等も、仮差押えの対象とする。
　(1)　当該振替社債等の分割
　(2)　会社等の合併、会社分割、組織変更、株式交換、株式移転、又は取得条項付株式、全部取得条項付種類株式、取得条項付新株予約権若しくは取得条項付新株予約権付社債の取得に際して、当該振替社債等の対価として振替社債等を交付する行為
　(3)　振替株式、振替新株予約権又は振替新株予約権付社債の無償割当て
　(4)　その他これらに類する行為

4　請求債権額と割り付け

弁護士「対象資産の目星がついたら、請求債権額をいくらにするかという点と債権が複数あるようなら、請求債権をどう割り付けるかという観点に留意します」

若先生「請求額をいくらにするかって、その資産からの回収見込み額ではないのですか？」

弁護士「そのとおりなのですが、債権は実体がなく目に見えません。不動産のように外形的・客観的に価値を評価できません。若先生、先生は預金いくらありますか？」

若先生「……秘密です」

弁護士「というわけで、私には若先生の預金がいくらあるか知るよしもないし、弁護士法23条の2の照会をしても銀行は守秘義務を理由に回答してくれません。債権の資産価値＝債権残高がいくらあるかということは、普通はわからないのです」

若先生「そうすると、債権者がもっている債権全額を請求債権にしておけ

ばまず安全ですね」

弁護士「取りはぐれることはないですね。しかし、たとえば預金がゼロ円だった場合、つまり「差さらなかった」場合、保全保証金（担保）が無駄になるというリスクはあるわけです。そのあたりの兼ね合いをクライアントがどう判断するかという点に留意します」

若先生「次に、『割り付け』とは何ですか？」

弁護士「請求債権額を仮に90万円としましょう。対象となる差押債権が複数ある場合、たとえば、A、B、Cの3つの銀行に預金債権がそれぞれあったとします。請求できる金額の上限は請求債権額の90万円ですから、この金額以上に差し押さえることはできません。ですのでこの90万円をA、B、Cに対しどう配分し、割り付けるかという問題です。同時に、差押債権の金額を特定することにもなります。金銭債権は可分ですから、請求債権の範囲内であれば差押債権の金額はいくらでもいいのです」

若先生「割り付けとしては、請求債権額の3分の1である30万円ずつということが考えられますね」

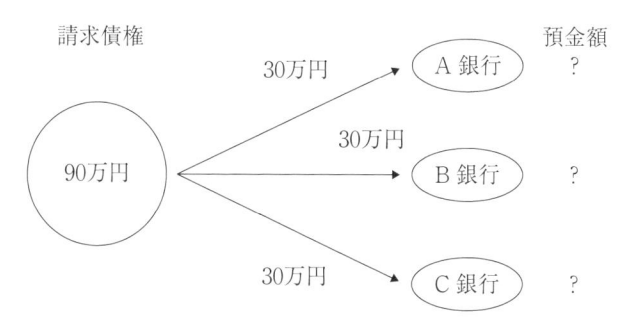

```
請求債権              預金額
          30万円  → A銀行    ?
  90万円   30万円  → B銀行    ?
          30万円  → C銀行    ?
```

弁護士「公平ですね。しかし現実の預金額が次頁のようでしたら、A銀行から全額回収できたかもしれないのに30万円しか差さらず、もったいないですよね。

　　このあたりのさじ加減が割り付けの難しさです。差押債権の金額が確定的にわかっていれば、それにあわせればよいだけですが、

わからない場合は、金額が大きそうなところに多めに割り付けるという工夫が必要になります。何の手がかりもないということであれば、対象債権の頭数に応じて均等に割り付けるしかないですね」

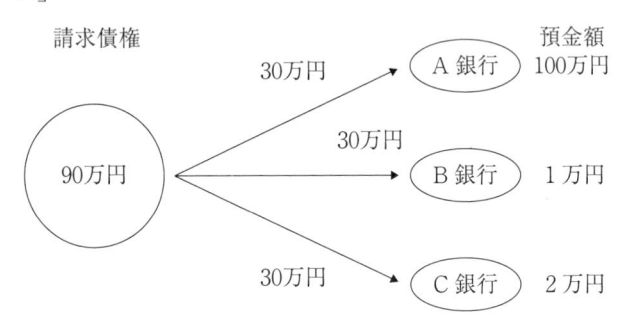

```
請求債権                                預金額
              30万円   ┌─────┐
         ┌──────────→│ A 銀行 │ 100万円
         │            └─────┘
┌─────┐  │   30万円   ┌─────┐
│90万円 │──┼──────────→│ B 銀行 │  1万円
└─────┘  │            └─────┘
         │   30万円   ┌─────┐
         └──────────→│ C 銀行 │  2万円
                      └─────┘
```

5 保全の必要性――連帯保証債務の場合

弁護士「連帯保証人に対する仮差押えを行う場合は、『二段の保全不足』を主張・疎明する必要があります。『二段の保全不足』というのは、私の造語にすぎませんが、意味がわかりやすいので略称として使います」

若先生「何が『二段』なのですか？」

弁護士「<u>第1段階は、主債務者に対する保全の必要性、第2段階は、保証人に対する保全の必要性です。</u>

　　　　仮差押債務者たる連帯保証人に対する保全の必要性だけでなく主債務者に対する保全の必要性の2段階の保全の必要性を主張・疎明する必要があるということです」

若先生「先生、仮差押事件は、個別の債務者ごとに保全の必要性を判断するって前におっしゃっていましたよね（第1章Ⅱ3（16頁）参照）」

弁護士「そのとおりです。ですので主債務者に対し、仮差押えをするにあたり、その保全の必要性の考慮要素として連帯保証人の資力は含

まれません。また、主債務者を差しおいて、直ちに連帯保証人に仮差押えすることもできます」

若先生「連帯保証人であれば、催告の抗弁権・検索の抗弁権がなく、債権者は、直ちに請求できるのですから、主債務者の資力云々は関係ないとも考えられますが」

弁護士「それも一理ありますし、そう考える学説もありますが、実務では二段の保全不足の主張・疎明を求める運用です。

その理由は、
- 債権者は主たる債務者から弁済を受けるのが本来の形態であること
- 債権者が、主債務者と連帯保証人に対しそれぞれ別個の債権を有していても二重に弁済を受けることはできないこと
- 仮差押えの債務者に与える打撃が大きいこと

と説明されています（武笠圭志「連帯保証人に対する仮差押え」判タ1078号94頁）」

若先生「二段の保全不足の意味はわかりました。しかし、主債務者に対する保全の必要性の主張・疎明ということは、主債務者の無資力＝責任財産の不存在を疎明しろということですか？ いくら疎明とはいえ悪魔の証明ですよね」

弁護士「さすがに裁判所も無理は強いません。実務運用としては、資産の有無につき容易にわかる事項、すなわち、主債務者の本店や住所が他人所有物であること＝自己所有物でないことや自己所有物であっても担保権が設定されていて剰余価値がないこと等の主張・疎明を最低限求めています。いわゆる『裸の物件』が存在するならば、まずはそれに対する不動産仮差押えをするべきですからね。

長々と説明しましたが、要点は、『連帯保証人に対する仮差押えの場合、主債務者の本店や住所の物件が他人所有物であるか、剰余価値がないことが最低限必要になるので、その点を聴取り時

　　　　　には留意しなさい』ということです。依頼者が『連帯保証人に仮差押えがしたい』と言っても、主債務者に所有不動産が存在する場合はできませんので、主債務者に対する不動産仮差押えをアドバイスする必要があります」

若先生「その疎明としては、不動産登記事項証明書（不動産登記簿謄本）を出すだけだと思うのですが、その他気をつける点がありますか？」

弁護士「聴取りとは直接関係ないけれど流れで説明します。住居表示と地番のつながりをつけるため、対象となる物件が含まれる箇所のブルーマップ（住居表示と地番が記載されている住宅地図）のコピーは不可欠です。現在事項全部証明書（商業登記簿謄本）や住民票に記載されている本店所在地や住所地は、住居表示（一丁目1番1号）で記載されていますが、不動産登記事項証明書は、地番で表示されています。住居表示と地番は、一致しないことがほとんどなので、両者の同一性を示すために、両者が表記されているブルーマップは不可欠なのです」

6　保全の必要性——債権仮差押えの場合

弁護士「仮差押事件全般の保全の必要性に関する考え方は、第1章でお話したとおりです。復習すると、債権仮差押えは、債務者に対する打撃の程度が大きいので、保全の必要性の疎明レベルが高く、また、保全保証金（担保）が高額になるということでしたね」

若先生「具体的には、どの程度の保全の必要性に関する疎明が必要ですか？」

弁護士「保全債務者に差押対象債権以外に執行可能財産が存在しないことの疎明です。先ほどの二段の保全不足と同じ考え方です。今度は保全債務者自身について、『保全債務者の本店や住所の物件が他人所有物であるか、剰余価値がないこと』が最低限必要になりま

す。その点を聴取り時には留意します」
若先生「連帯保証人に対する債権仮差押えの場合、主債務者、連帯保証人のそれぞれについて、本店あるいは住所の物件所有者が誰なのか、最低限確認しておく必要があるということですね」
弁護士「慣れていないと、面接の時にこの点の追完を求められ、再面接を何回か繰り返すことになってしまいます」

Ⅱ 依頼者からの聴取り（事案の概要）

依頼者から聴き取った事案の概要は、以下のとおりであった。

聴取りメモ

弁護士　若

1　債務者等の概況

　Z社は、不動産販売業を主業とする株式会社。本店所在地は東京都○区。事務所ビルは賃借物件。その他に支店、営業所なし。
　代表取締役はY。いわゆるオーナー社長。
　資本金1億円、最盛期で従業員10名ほどの中小企業。閉鎖（株式非公開）会社。
　リーマンショック（平成20年9月）までは、不動産市況が好調だったこともあり業績も順調に推移したが、リーマンショック後の不況による不動産の価額下落による販売不振により業績が悪化。現在、法的整理手続は行われていないものの実質的に破綻状態。

2　貸金の状況

　X銀行は、平成19年6月1日、販売用不動産の仕入代金として証書貸付により3億円を融資。保全として、仕入れた不動産に対し根抵当権を設定。代表者Yが個別連帯保証。保証書の保証人の署名・押印は、面前自署で実印を押印したもの。印鑑証明書添付。

弁済について、当初は約定どおりの返済を行うも平成22年4月1日に延滞発生。

X銀行とZ社で協議の上、販売用不動産を順次処分し、処分代金を弁済に充当。全物件の処分が終了し（全担保物件換価）、物件処分後の残債約5000万円につき平成23年4月1日に下記の内容のリスケ（条件変更）を行う。

記

最終弁済期　平成33年4月1日
弁済方法　　毎月1日限り、金20万円宛元金均等120回分割
　　　　　　弁済（但し最終回に残債を一括して支払う）。

しかし、平成24年4月1日に再び延滞が発生し、以後延滞が解消されなかったため、同年8月1日付けで期限の利益喪失。その後も弁済無く、代表者Yは面談要請にも応じなくなる。

本日現在の残元金は、4800万円。

3　保証人Yの資産等
融資実行時の保証人調書の記載。
① 預金口座
　・MU銀行　△支店
　・SR銀行　☆支店
② 保険
　・DI生命　終身保険　保険契約者・被保険者Y、受取人妻
　　解約返戻金見込み　500万円
自宅（東京都○区）は、賃借物件。
その他の資産に関する情報無し。

4　その他関連事項
・Z社は、本店を既に引き払い、本店に事業実体無し。登記名義のみ存在。
・平成23年3月期までのZ社の決算書をX銀行は保管。直近2期の決算内容は、債務超過、営業損失が計上されている。
・平成23年3月期の決算において、多額の仮払金が計上されている外、Y

は現在、別会社を設立し、事業を行っているとの噂もある。憶測に過ぎないが、YはZ社資金を私的に流用している疑いがある。その場合、Y個人の預金に資金が滞留している可能性もあるとのこと。

以上

III 方針検討（若先生のつぶやき）

　依頼者の希望は、連帯保証人Yの預金と生命保険（終身保険）に対する仮差押えだが、主債務者は、実質破綻状態で全くの無資力状態。甲先生のいう「二段の保全不足」の第1段階はクリアできているので連帯保証人に仮差押えの申立てを行うこと自体は問題なさそうだ。

　次に債権の仮差押えを行うことの可否だが、対象に預金が含まれているだけに相応の保全の必要性を疎明する必要はあるだろう。しかし、被保全権利が金融機関の貸金債権であって金銭消費貸借契約書・保証書・印鑑証明書も揃っており疎明の程度は高い。期限の利益の喪失、延滞が1年以上継続、返済協議に応じない等の抽象的な保全の必要性は認められる。そうであれば、自宅が他人所有物であることを疎明し、その他に不動産やより打撃の少ない資産は見当たらないということを報告書の形式で疎明しておけば債権仮差押えを行うに足りる保全の必要性は認められるであろう。

　仮差押命令が却下されることはなさそうだ。

　対象とする債権は、銀行預金が2行に生命保険が1口。

　預金は、預金の種別まで特定することは債権者にとって困難だから、預金の種別に序列を付けたうえで網羅的に押さえることができる。つまり支店の特定さえできれば、包括的に同一支店に開設されているすべての預金口座を対象にできる。

【書式31】 通常の（仮）差押債権目録の例

（仮）差押債権目録

債務者が第三債務者 MU 銀行株式会社（△支店扱い）に対して有する下記預金債権及び同預金に対する預入日から本命令送達時までに既に発生した利息債権のうち、下記に記載する順序に従い、頭書金額に満つるまで

記

1　差押えのない預金と差押えのある預金があるときは、次の順序による。
　① 先行の差押え、仮差押えのないもの
　② 先行の差押え、仮差押えのあるもの
2　円貨建預金と外貨建預金があるときは、次の順序による。
・
・
・

　生命保険の場合、何を差し押さえるのだろう？ 終身保険で考えてみると、解約返戻金がすぐに思い浮かぶが、それだけではないな。保険事故があった場合の保険給付金や配当金、契約満期に満期金がもらえるタイプのものもある。これらすべてを網羅し、漏れがないように差押債権目録を記載する工夫が必要になる。

　既存の書式集にはすべてを網羅する形態の書式例がないみたいだから、サンプルをつなぎ合わせて新しくつくってみよう（【書式34】）。

　判明している債権は上記のとおりだが、銀行預金等は、判明している銀行以外の金融機関にも預金口座をもっていることのほうが多いと思う。せめて銀行単位で包括的に預金差押えができるなら、探索的にメガバンク全部とか地域にある地方銀行、信用金庫、信用組合全部を対象にすることも考えられるが、最高裁判所の決定で「全店一括順位付け方式」（最決平成23・9・20判タ1357号65頁）も、「預金額最大店舗指定方式」（最決平成25・1・17判タ1386号182頁）も特定性を欠き不適法ということで確定してしまったので今はもう

使えない。

　ちなみに、全店一括順位付け方式とは、支店を1つに特定せず【書式32】のとおり、支店番号の若い順という形で債権の特定（識別）を行う形態のものである。預金額最大店舗指定方式とは、同様に、【書式33】のとおり預金額の大きい順という形で債権の特定（識別）を行う形態のものである。

　これらの方法によれば、実質的には、第三債務者（銀行等の金融機関）の全支店を対象として（仮）差押えができることとなる。

　なお、対象とする支店を限定し、その支店間で順位付けする、「限定支店順位付け方式」とよばれる方法もある。本書の執筆時現在、この方式を正面から否定する最高裁判所の判断はなされていないが、支店の限定方法いかんによっては（たとえば100支店をピックアップし、その中で順序を付ける等）、前記最高裁決定の射程が及ぶものと考える。

【書式32】　（仮）差押債権目録（全店一括順位付け方式の例）

（仮）差押債権目録

　債務者が第三債務者MU銀行株式会社に対して有する下記預金債権及び同預金に対する預入日から本命令送達時までに既に発生した利息債権のうち、下記に記載する順序に従い、頭書金額に満つるまで

記

1　複数の店舗に預金があるときは、支店番号の若い順序による。
2　差押えのない預金と差押えのある預金があるときは、次の順序による。
　① 先行の差押え、仮差押えのないもの
　② 先行の差押え、仮差押えのあるもの
3　円貨建預金と外貨建預金があるときは、次の順序による。
・
・
・

【書式33】　（仮）差押債権目録（預金額最大店舗指定方式の例）

（仮）差押債権目録

債務者が第三債務者MU銀行株式会社に対して有する下記預金債権及び同預金に対する預入日から本命令送達時までに既に発生した利息債権のうち、下記に記載する順序に従い、頭書金額に満つるまで

記

1　複数の店舗に預金債権があるときは、預金債権額合計の最も大きな店舗の預金債権を対象とする。
2　差押えのない預金と差押えのある預金があるときは、次の順序による。
　①　先行の差押え、仮差押えのないもの
　②　先行の差押え、仮差押えのあるもの
3　円貨建預金と外貨建預金があるときは、次の順序による。
　　　　　　・
　　　　　　・
　　　　　　・

　次に、請求債権額をどうするか？　残元金は4800万円。競合する債権者は見当たらないので、利息・損害金を付加して請求債権を膨らませる必要はないが、残元金全額で差すか？

　対象債権の金額で判明しているのは生命保険の解約返戻金額見込み500万円程度。銀行預金に関しては、そもそも残高があるかどうかすらわからない。残高ゼロ円なら仮差押えが空振りに終わってしまう。それでも保全保証金として請求債権額の20％程度（第1章II 4〈表3〉（26頁）参照）、約1000万円は無駄に積まなければならない。残元金4800万円全額で差すのはちょっと躊躇がある。ひとつの考え方として、預金ペイオフの上限が1000万円であるから、それ以上の預金は分散するであろうという仮定に基づいて、1行あたり1000万円で割り付けるというのではどうであろうか？　この線でクライアントに提案してみよう。

生命保険は、解約返戻金が500万円とわかっているが、これも数年前の話だし、きちんと保険料を支払っていればもっと積み上がっているだろう。問題は、保険事故が発生した場合の保険給付金をどう考えるかだ。解約返戻金が500万円もあるということは、相当高額の保険だと推測できる。被保険者死亡時には億単位の保険給付金が支払われる可能性が高い。それを考えたら、請求債権は、利息損害金込みで上限まで膨らませ、生命保険への割り付けを極端に厚くすることも考えられるが、保険事故が発生しなかったら全く無意味に差したことになる。現実に保険事故が発生する可能性は高くはない。リスクヘッジの意味で保険事故発生時の保険給付金も仮差押えの対象とするが、回収見込みとしては、解約返戻金500万円＋α と考えて、500万円の2倍＝1000万円で割り付けする。

　結論として、請求債権額3000万円、対象債権への割り付けは、各1000万円とする形でクライアントに提案してみよう。

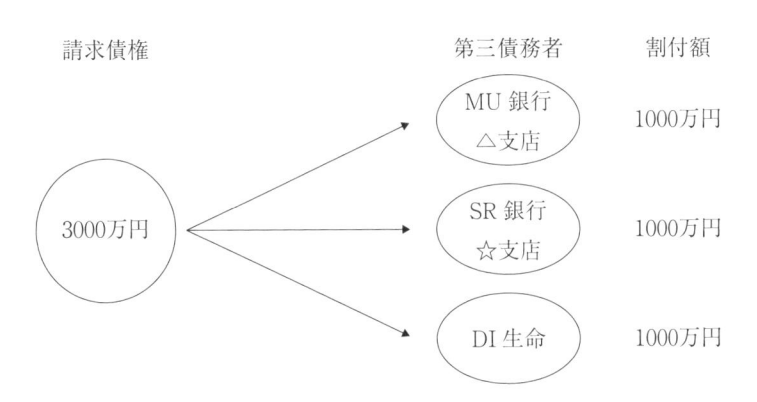

請求債権	第三債務者	割付額
3000万円	MU銀行△支店	1000万円
	SR銀行☆支店	1000万円
	DI生命	1000万円

IV　仮差押申立て〜決定

1　債権仮差押命令申立書

　若先生の提案に従い、X銀行から正式に決済が下りた。これを基に若先生は申立書（【書式34】）を起案した。

【書式34】 債権仮差押命令申立書（《Case ③》）

債権仮差押命令申立書

平成25年3月1日

東京地方裁判所民事第9部　御中

　　　　　　　　　　　　債権者　　　X銀行株式会社
　　　　　　　　　　　　債権者代理人弁護士　　　甲
　　　　　　　　　　　　同　　　　　　　　　　　乙

　　　　　　　　当事者の表示　　┐
　　　　　　　　請求債権の表示　├別紙目録記載のとおり
　　　　　　　　仮差押債権の表示┘

申立の趣旨

　債権者が債務者に対して有する前記請求債権の執行を保全するため、債務者の第三債務者らに対する別紙仮差押債権目録記載の債権は、仮にこれを差し押さえる。
　第三債務者らは、債務者に対し、仮差押えに係る債務の支払をしてはならない。
との裁判を求める。

申立の理由

第1　被保全権利
1　（主債務の成立）
　債権者は、平成19年6月1日、Z株式会社（以下「Z社」という。）に対し、証書貸付の方法により、下記約定で金3億円を貸し渡した（以下「本件貸金」という。甲1・金銭消費貸借契約書）。

記

　　最終弁済期　　　　平成〇年〇月〇日
　　期限の利益の喪失　債務者が債務の一部でも履行を遅滞した場合には、

　　　　　　　　　債務者は、債権者の請求によって一切の債務の期限
　　　　　　　　　の利益を失い、直ちに債務を弁済する。
２　（被保全権利の成立）
　前記同日、債務者は、債権者に対し、本件主債務を連帯保証した（以下「本件連帯保証」という。甲２・保証書、甲３・印鑑証明書）
３　（変更契約）
　債権者とＺ社は、平成23年４月１日、本件貸金の最終弁済期及び弁済方法を下記のとおり変更する事に合意した（甲４・変更契約書）。
　　　　　　　　　　　　　　　記
　　最終弁済期　平成33年４月１日
　　弁済方法　　毎月１日限り、金20万円宛元金均等120回分割弁済（但し最
　　　　　　　　終回に残債を一括して支払う）。
４　（期限の到来）
　本件貸金の分割弁済日である平成24年４月１日が経過したが、Ｚ社はその履行を怠った。
　債権者は、平成24年８月１日、Ｚ社到達の書面により、本件貸金の期限の利益を喪失させる旨の意思表示を行った（甲５の１、２・期限の利益喪失通知及び同配達証明）。
５　（現在債権残高）
　申立日現在の本件債権の残元本は、金4800万円である（甲６・債権明細票）。
６　（被保全権利まとめ）
　よって、債権者は債務者に対し、本日現在金4800万円の連帯保証債務履行請求権を有する。

第２　保全の必要性
１　（主債務者の保全不足）
　Ｚ社は、大幅な債務超過の状態にあり（甲７・決算書）、実質的に破綻状態にある（甲８・報告書）。
　その本店所在地（甲９・Ｚ社現在事項全部証明書）は、他人所有物件であり（甲10・不動産全部事項証明書、甲11・ブルーマップ写し）めぼしい資産はない。

加えて、Ｚ社は、延滞後、債権者との返済交渉に応じず、返済意思が見られない。
2　（債務者の保全不足―保全の必要性）
　① 　債務者は、Ｚ社の代表取締役である（甲９）。
　② 　債務者の自宅（住所地）は、他人所有物件であり（甲12・住民票、甲13・不動産全部事項証明書、甲14・ブルーマップ写し）、本件仮差押債権目録記載の債権以外にめぼしい資産は存在しない。
　③ 　本件貸金が債権者に譲渡されて以後、債務者より保証債務の履行は一切なされていない（甲８）。
　④ 　債権者は債務者に対し、連帯保証債務履行請求訴訟を提起するべく準備中であるが、債務者の財産隠匿工作等により、債権者が勝訴判決を得てもその執行が不可能となる可能性が高い。
　　よって、申立の趣旨記載の仮差押命令を求める。

疎明方法

　　甲１　　　　　　金銭消費貸借契約書
　　甲２　　　　　　保証書
　　甲３　　　　　　債務者印鑑証明書
　　甲４　　　　　　変更契約書
　　甲５の１，２　　期限の利益喪失通知及び同配達証明
　　甲６　　　　　　債権明細票
　　甲７　　　　　　決算書
　　甲８　　　　　　報告書
　　甲９　　　　　　Ｚ社現在事項全部証明書
　　甲10　　　　　　不動産全部事項証明書
　　甲11　　　　　　ブルーマップ写し
　　甲12　　　　　　住民票
　　甲13　　　　　　不動産全部事項証明書
　　甲14　　　　　　ブルーマップ写し

添付書類

甲号証写し	各1通
資格証明書（現在事項全部証明書）	4通
（注：第三債務者が法人の場合、第三債務者の資格証明も添付する）	
委任状	1通
陳述催告の申立書	1通

以上

当事者目録

〒100-0000　東京都○区○町○丁目○番○号
　　　　　　債　　権　　者　　X銀行株式会社
　　　　　　上記代表者代表取締役　　○　○　○　○

（送達場所）

〒100-0000　東京都○区○町○丁目○番○号
　　　　　　債権者代理人弁護士　　甲
　　　　　　同　　　　　　　　　　若
　　　　　　tel 03-0000-0000　fax 03-0000-0000

〒100-0000　東京都○区○町○丁目○番○号
　　　　　　債　　務　　者　　Y

〒100-0000　東京都○区○町○丁目○番○号
　　　　　　第　三　債　務　者　　MU銀行株式会社
　　　　　　上記代表者代表取締役　　○　○　○　○

（送達場所）

　〒100-0000　東京都○区○町○丁目○番○号
　　　　　　　MU銀行株式会社△支店

〒100-0000　東京都○区○町○丁目○番○号
　　　　第　三　債　務　者　　SR銀行株式会社
　　　　上記代表者代表取締役　　○　○　○　○

（送達場所）
〒100-0000　東京都○区○町○丁目○番○号
　　　　SR銀行株式会社☆支店

〒100-0000　東京都○区○町○丁目○番○号
　　　　第　三　債　務　者　　DI生命保険株式会社
　　　　上記代表者代表取締役　　○　○　○　○

請求債権目録

金3,000万円
　ただし、債権者が申立外Z株式会社に対し、平成19年6月1日、下記約定で貸し渡した金3億円について、債務者が同日連帯保証したことに基づく債権者の債務者に対する連帯保証債務履行請求権の内金。

記

元　　金　　　　金3億円
貸付方法　　　　証書貸付
当初最終弁済期　平成○年○月○日
変更後の最終弁済期　平成33年4月1日
　　　　　　　　（変更契約平成23年4月1日）
残元金　　　　　金4,800万円

仮差押債権目録1
（第三債務者 MU銀行株式会社分）

金1,000万円
　ただし、債務者が第三債務者MU銀行株式会社（△支店扱い）に対して有する下記預金債権及び同預金に対する預入日から本命令送達時までにすでに発

生した利息債権のうち、下記に記載する順序に従い、頭書金額に満つるまで

記

1　差押えや仮差押えのない預金とある預金とがあるときは、次の順序による。
　①　先行の差押えや仮差押えのないもの
　②　先行の差押えや仮差押えのあるもの
2　円貨建預金と外貨建預金があるときは、次の順序による。
　①　円貨建預金
　②　外貨建預金
　　　ただし、仮差押命令が第三債務者MU銀行株式会社に送達された時点における第三債務者MU銀行株式会社の電信買相場（先物為替予約がある場合には、その予約相場）により換算した金額。
3　数種の預金があるときは、次の順序による。
　①　定期預金
　②　定期積金
　③　通知預金
　④　貯蓄預金
　⑤　納税準備預金
　⑥　普通預金
　⑦　別段預金
　⑧　当座預金
4　同種の預金が数口あるときは、口座番号の若い順序による。
　　なお、口座番号が同一の預金が数口あるときは、預金に付せられた番号の若い順序による。

仮差押債権目録2
（第三債務者SR銀行株式会社分）

金1,000万円
　ただし、債務者が第三債務者SR銀行株式会社（☆支店扱い）に対して有する下記預金債権及び同預金に対する預入日から本命令送達時までにすでに発生した利息債権のうち、下記に記載する順序に従い、頭書金額に満つるまで

記

(以下略。仮差押債権目録1と同じ)

仮差押債権目録3
（DI 生命保険株式会社分）

金1,000万円

ただし、債務者と第三債務者 DI 生命保険株式会社との間の下記生命保険契約に基づき、本命令送達日以降支払期の到来する①給付金請求権にして、支払期の早いものから頭書金額に満つるまで。②次いで、生存保険金請求権にして、支払期の早いものから頭書金額に満つるまで。①及び②による金額が頭書金額に満たないうちに契約が中途解約された場合には、③解約返戻金請求権にして①及び②と合計して頭書金額に満つるまで。さらに①及び②による金額が頭書金額に満たず、かつ、中途解約されないうちに契約が満期を迎えた場合には、④満期金請求権にして①及び②と合計して頭書金額に満つるまで。

記

保険契約の表示
　保険証券番号　　ＸＸＸ組ＸＸＸＸ―Ｘ号
　種類　　　　　　終身保険
　契約年月日　　　平成〇年〇月〇日
　保険者　　　　　第三債務者
　保険契約者　　　債務者
　被保険者　　　　債務者
　受取人　　　　　△△△△

2　陳述催告

債権（仮）差押えの場合、その（保全）執行方法は、執行（保全）裁判所の第三債務者に対する（仮）差押命令の送達による。つまり、裁判所は、（仮）差押命令を第三債務者に送るだけでそれ以上のことはしない。債権者は、被差押債権の内容はおろか、差押えが奏功したのかどうかすらわからない。

Ⅳ 仮差押申立て～決定

そのため、第三債務者に対し、債権の存否や金額等を陳述することを求める陳述催告の申立ての制度がある（民執147条、民保50条5項）。

この陳述の催告は、（仮）差押命令正本の第三債務者への送達と<u>同時になされなければならず</u>（民執147条1項は、『差押命令を送達するに際し、（略）陳述すべき旨を催告しなければならない』と規定している）、（仮）差押命令の発令後に申立てすることはできない。すなわち、（仮）差押命令申立て時にあわせて陳述催告の申立てを行っていないと、債権の存否や金額等を簡便に知る機会は失われてしまう。

陳述催告の申立書といっても、【書式35】のようにＡ４判用紙で1枚、当事者目録は（仮）差押命令申立書の当事者目録を流用するだけの簡単なものである。（仮）差押命令申立ての際には、陳述催告の申立てを忘れないよう十分に注意する必要がある。

【書式35】 第三債務者に対する陳述催告の申立書（《*Case* ③》）

第三債務者に対する陳述催告の申立書

平成25年3月1日

東京地方裁判所民事9部　御中

債権者代理人弁護士　　　　若

当　事　者………別紙目録のとおり（略）

本日御庁に申し立てた上記当事者間の債権仮差押命令申立事件について、第三債務者らに対し、<u>民事保全法第50条第5項</u>、民事執行法第147条第1項に規定する陳述の催告をされたく申し立てる。
(注1)
(注2)

（注1）　上記書式は、債権仮差押命令申立てに付随しての申立書である。本執行（債権差押え）の場合は、「債権仮差押」の部分から「仮」を取り「債権差

押」とする。
（注2） 同様に、本執行（債権差押え）の場合は、「民事保全法第50条5項」の部分は削除する。

3　発令までの手続

申立て、審理および発令までの手続は、第1章で解説した手続と同じである。なお、債権仮差押えの予納郵券額および必要目録数等は、〈表8〉のとおりである。

〈表8〉　債権仮差押手続の予納郵券・必要目録数

○　郵券額

種別	郵券額
債権仮差押え	債務者1人　　　　　　　　　　1,050円 第三債務者1人　　　　　　　　1,100円 陳述書返送料（裁判所用）　　　　500円 陳述書返送料（債権者用）　　　　 80円 速達料　　　　　　　　　　　　 270円 　合計　　　　　　　　　　　　3,000円 ＊　第三債務者が1名増すごとに 　　　　　　　　　　　　　1,950円増

（平成25年7月現在）

○必要目録数

当事者目録×4、請求債権目録×4、仮差押債権目録×4

（上記は第三債務者が1名の場合。第三債務者が1名増すごとに目録類も1部追加する）

4　発令および陳述書の返送

〈*Case* ③〉では、特段問題なく裁判官面接を経たうえ、担保金額600万円（請求債権額の20％）で【書式36】のとおり発令された。

【書式36】 仮差押決定（〈*Case* ③〉）

仮差押決定

　　当　事　者　　　別紙当事者目録記載のとおり
　　請求債権　　　　別紙請求債権目録記載のとおり

　上記当事者間の平成25年（ヨ）第△△△△号　債権仮差押命令申立事件について、当裁判所は、債権者の申立てを相当と認め、
　債権者に　金600万円
の担保を立てさせて、次のとおり決定する。

主　　　文

　債権者　　の債務者　　に対する上記債権の執行を保全するため、債務者　　の第三債務者ら　　に対する別紙仮差押債権目録１乃至３記載の債権は、仮に差し押さえる。
　第三債務者らは、債務者　　に対し、仮差押えに係る債務の支払をしてはならない。
　債務者　　は、上記仮差押債権額の合計額を供託するときは、この決定の執行の停止又はその執行処分の取消を求めることができる。

　平成25年○○月○○日
　　東京地方裁判所民事第９部
　　　　裁　判　官　　×　×　×　×

　仮差押命令が発令されると、決定正本は、まず第三債務者に送達され、第三債務者への送達により仮差押えの効力が発生する（民保50条５項、民執145条４項）。第三債務者への送達完了後、すなわち仮差押えの効力発生後に債務者へ決定正本が送達されることになる。これは言うまでもなく、先に債務者に送達すると、債務者によって預金の引出し等の資産毀損行為がなされるおそれがあるためである。

　発令から２週間ほどで第三債務者からポツポツと陳述書（【書式37】）が返

送され、仮差押債権の存否等の状況が判明した。

結果は、〈表9〉のとおりであり、見事に差さった。

〈表9〉 仮差押債権の存否等（〈*Case* ③〉）

第三債務者	対象債権	金　額
MU銀行	普通預金	￥2,230,020円
SR銀行	普通預金	￥245,280円
DI生命	解約返戻金	￥6,238,989円

【書式37】 陳述書（〈*Case* ③〉）

平成25年(ヨ)第　　号

陳　述　書

平成25年○○月○○日

東京地方裁判所民事第9部　御中

東京都○○区○町○丁目○番○号
第三債務者　DI生命保険株式会社
代表取締役　×　×　×　×　印

下記のとおり陳述します。

1	仮差押えに係る債権の存否	○ある○　　　な　い
2	仮差押債権の種類及び額 （金銭債権以外の債権 は、その内容）	生命保険の解約返戻金 金6,238,989円 （平成25年△△月△△日現在）
3	弁済の意思の有無	○ある○　　　な　い 権利者による解約権行使を前提として
4	弁済する範囲又は 弁済しない理由	上記2に記載と同じ （平成25年△△月△△日現在）

5 仮差押債権について、差押債権者に優先する権利を有する者（例えば、質権者）がある場合の記入欄	優先権利者の住所、氏名	
	優先する権利の種類及び範囲（金額）	

6 他の差押え（滞納処分又はその例による差押えを含む。）仮差押え仮処分	執行裁判所等事件番号	債権者の住所、氏　名	差押え等の送達年月日	差押え等の執行された範囲（金額）
			・	
			・	
			・	
			・	
			・	

(注) (1) １の欄で「ある」と陳述したときだけ２以下の欄を記入してください。
　　 (2) ２については、現存債権について記入するもので、命令正本記載の債権をそのまま記入するものではありません。
　　 (3) ５及び６の欄には、すでに取下げ又は取消のあったものは記入する必要はありません。
　　 (4) この陳述書に記入しきれないときは、適宜の用紙を使用して横書きで記載してください。

V 債権差押命令申立て

1 仮差押え後の経過

　仮差押え後もYからは何の連絡もなかったため、X社は、主債務者Z社と連帯保証人Yに対し、訴訟を提起した。Z社およびYには代理人が付き、和解の提案もなされたが、条件が全く折り合わず、判決に至り、請求認容の判決が言い渡された。その後、Z社およびYから控訴は提起されず、判決が確定した。

2 債権差押えに向けての弁護士間の打合せ

弁護士「若先生、訴訟ご苦労様でした。判決も確定したので規定方針どおり債権差押えをしたいと思います」

若先生「先生、債権執行ですが、発令されると、執行裁判所は、差押命令を第三債務者に送達しますよね、その後、実際にお金を回収するにはどうするのですか？」

弁護士「良い質問ですね。ひとことで言えば債権者が頑張るしかないと言えるのですが、順番に説明しましょう。
　　　　まず差押命令の送達を受けた第三債務者はどうすればよいですか？」

若先生「陳述書を返送する……」

弁護士「それは陳述催告の申立ての効果ですね。差押命令の効果として債務者への弁済等の処分は当然禁止されますが、第三債務者としてはまず当該債務、金銭債務の場合ですが、これを供託するかしないかの選択をすることができます。これを『権利供託』と言います（民執156条1項）」

若先生「条文を読むと『供託することができる』となっていますね」

弁護士「今のは単発の差押えがなされた場合ですが、差押え等が競合した

　　　　　場合、つまり複数の債権者から差押え・仮差押え・配当要求がなされて、その請求債権額の合計が差し押さえられた債権の額を超えてしまっている場合には、必ず供託しなければなりません。義務です。これを『義務供託』と言います（民執156条2項）」
若先生「本当だ。条文では『供託しなければならない』になっていますね」
弁護士「権利供託、義務供託、いずれにせよ第三債務者が供託した場合は、執行裁判所によって配当等（配当または弁済金交付）が実施されます（民執166条1項1号）。事件番号としては「リ」が付きます。この配当等の手続自体は、不動産競売の配当手続とほぼ同じです。供託された場合は、配当等によって最終的に弁済を得られます」
若先生「供託したことを執行裁判所はどうやって確認するのですか？」
弁護士「第三債務者が供託した場合、『供託しました』という事情届を執行裁判所に提出しなければなりません（民執156条3項）。この事情届によって供託の事実を知ることができます」
若先生「配当金等は、執行裁判所が供託所から還付を受けて、債権者に振り込みしてくれるのですか？」
弁護士「いいえ、それほど親切ではないです。配当金を請求すると、書記官は配当金受領に関する証明書を交付してくれますので、債権者は、その証明書を添付して供託所に供託金払渡請求をすることによって、現実に配当金等を受け取ることになります。
　　　　　以上をまとめると〔図11〕のようになります」
若先生「供託された場合の手続はわかりましたが、〔図11〕でNO→NOの☆の場合、差押えが競合していなくて第三債務者が権利供託していなかった場合はどうするのですか？」
弁護士「ほとんどのケースがそれにあてはまります。債権者の頑張りによるところです。
　　　　　最も簡単な方法は、差押命令が債務者に送達されてから1週間

が経過すると取立権が発生しますので（民執155条1項）、第三債務者に対し、被差押債権の支払いを直に請求する方法です」

〔図11〕 差押えの競合

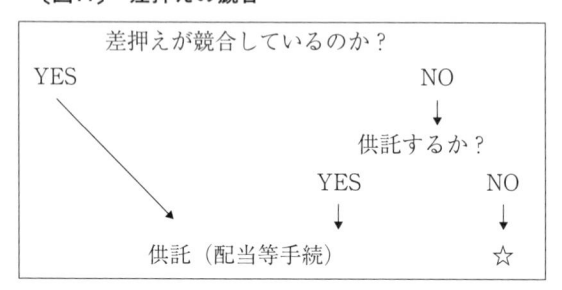

```
           差押えが競合しているのか？
    YES                           NO
     ↓                             ↓
                              供託するか？
                          YES          NO
                           ↓            ↓
    供託（配当等手続）                    ☆
```

若先生「第三債務者が支払いに応じなかったらどうなります？」

弁護士「第三債務者に対し、取立訴訟（民執157条）を提起するしかないです。また訴訟して、認容判決が出たらそれを債務名義として第三債務者の責任財産に対してまた強制執行していくことになります」

若先生「めんどくさいですね……」

弁護士「まあ、ほとんどのケースではきちんと支払ってもらえますよ。今のは取立権行使の方法。その他に転付命令（民執159条）を取得するという方法もあります」

若先生「転付命令とは？」

弁護士「被差押債権をもって請求債権を強制的に代物弁済する制度だと思ってください」

〔図12〕 転付命令

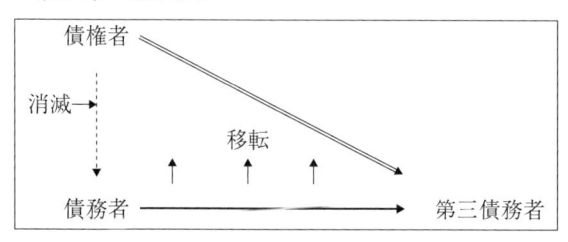

```
         債権者 ────────────╲
                            ╲
    消滅→        移転         ╲
      ┊         ↑   ↑         ╲
         債務者 ──────────── 第三債務者
```

若先生「債権者の債務者に対する債権は消滅してしまって、もし第三債務

者が破産とかしたらどうなるのですか？」

弁護士「おしまいです。消滅した債権は復活しません。ですので、第三債務者に資力がない場合、転付命令は危険です。逆に転付命令のメリットとしては、被差押債権が債権者の『自己所有』になるわけですから、他の債権者からの干渉（差押えや配当要求）をかわし、独占的に回収できるという点があるといわれています」

若先生「転付命令を得た場合、『執行債権者』は、債権者として『執行第三債務者』に対して権利行使できるのですね。一方、取立権行使の場合、執行債権者は、あくまで執行債務者の執行第三債務者に対する権利を代位行使しているにすぎないということですね。

　質問です。本件では生命保険を押さえていますが、保険契約を解約しないと解約返戻金は発生しません。そうすると、転付命令を得て、『自己の債権』として解約権を行使する必要がありますか？」

弁護士「ありません。この場合、取立権の行使として、債務者が有する生命保険契約の解約権を行使できます（最判平成11・9・9民集53巻7号1173頁）。ですので、転付命令は必須ではありません。取立権のみで対応できます」

若先生「そうすると、たとえば銀行の定期預金を押さえた場合、これも取立権の行使で解約できますか？」

弁護士「難しい問題ですが、駄目という前提で考えたほうがよいでしょうね。定期預金の預金者は、期限前（満期前）解約権を有しないので、それを差押債権者が行使することもできないという理屈です（東京地判平成10・12・24判夕1065号94頁、東京地判平成20・6・27金商1336号208頁）」

若先生「でも満期前の定期預金の解約なんて普通にやってますよ」

弁護士「それは、金融機関が期限の利益を放棄して、事実上応じているだけ、単なる商慣習にすぎないとされています。それだけになかな

　　　　　か難しくて、取立権行使によって期限前解約は一切認められない
　　　　　かといえば、金融機関がOKと言えばそれまでの話なので、一
　　　　　切できないとまでは言い切れない。ただ、金融機関が解約に応じ
　　　　　ない場合は、満期まで待つしかなく、その間に差押え等が競合す
　　　　　る可能性が大きくなるから、転付命令をとっておいたほうがよい
　　　　　でしょう。もっともその場合は金融機関の破綻リスクを負担する
　　　　　ことになりますが」
若先生「転付命令は、差押命令申立てと同時に申立てする必要がありま
　　　　　すか？」
弁護士「ありません。ですので、まず差してみてから転付命令を取得す
　　　　　ることも考えられます。
　　　　　　　ここまでの債権執行手続をフローチャートにすると〔図14〕の
　　　　　とおりです」
若先生「そのほかに換価方法はありますか？」
弁護士「通常の金銭債権の換価方法としては、取立権行使か転付命令が原
　　　　　則ですが、被差押債権が条件・期限付きであるとか金銭債権でな
　　　　　いとかで取立てが困難な場合は、民事執行法161条により、
　　　　　　・譲渡命令：執行裁判所が定めた価額で支払いに代えて差押債
　　　　　　　　　　　権者に譲渡する方法
　　　　　　・売却命令：執行裁判所の定める方法によりその債権の売却を
　　　　　　　　　　　執行官に命じ、売却代金を配当等する方法
　　　　　　・管理命令：管理人を選任して債権の管理を命ずる方法等の方
　　　　　　　　　　　法
　　　　　があります。株式の換価では、売却命令がよく使われます」
若先生「最後に教えてください。債権差押えはいつ終わるのですか？」
弁護士「配当等の手続がなされたときは、配当等が終わったとき。取立権
　　　　　行使の場合は、差押債権者が換価により現実に弁済を得て、取立
　　　　　届（民執155条3項）を執行裁判所に提出したときです。

〔図13〕 債権差押手続図解

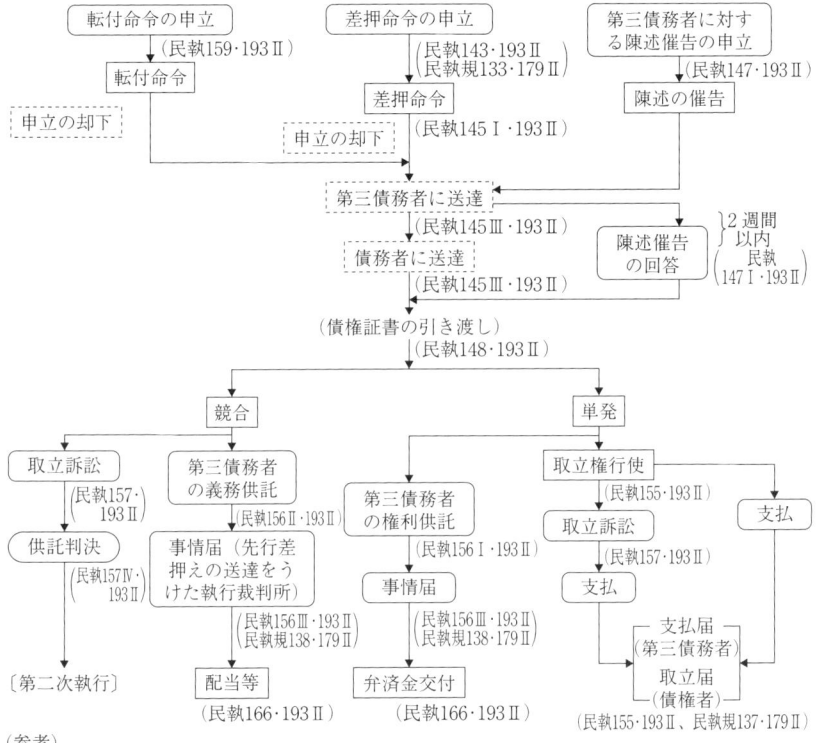

```
転付命令の申立          差押命令の申立          第三債務者に対す
  (民執159・193Ⅱ)      (民執143・193Ⅱ       る陳述催告の申立
                       民執規133・179Ⅱ)       (民執147・193Ⅱ)
  転付命令               差押命令               陳述の催告
                      (民執145Ⅰ・193Ⅱ)
 申立の却下    申立の却下
                          │
                    第三債務者に送達
                      (民執145Ⅲ・193Ⅱ)
                    債務者に送達            陳述催告    }2週間
                      (民執145Ⅲ・193Ⅱ)     の回答       以内
                                                      民執
                    (債権証書の引き渡し)              147Ⅰ・193Ⅱ
                      (民執148・193Ⅱ)

        競合                            単発

  取立訴訟   第三債務者      第三債務者      取立権行使
           の義務供託      の権利供託      (民執155・193Ⅱ)         支払
  (民執157・              (民執156Ⅱ・193Ⅱ)(民執156・193Ⅱ)
   193Ⅱ)                                   取立訴訟
  供託判決   事情届(先行差                  (民執157・193Ⅱ)
           押えの送達を      事情届
  (民執157Ⅳ・うけた執行裁判所)                支払
   193Ⅱ)  (民執156Ⅲ・193Ⅱ (民執156Ⅲ・193Ⅱ
           民執規138・179Ⅱ) 民執規138・179Ⅱ)     支払届
                                                  (第三債務者)
  〔第二次執行〕配当等           弁済金交付       取立届
             (民執166・193Ⅱ)  (民執166・193Ⅱ)  (債権者)
                                           (民執155・193Ⅱ、民執規137・179Ⅱ)
```

(参考)
注1(1) 配当要求のできる債権者(民執154Ⅰ・193Ⅱ)
　　① 執行力ある債務名義の正本を有する債権者
　　② 文書により先取特権を有することを証明した債権者
　(2) 配当要求の申立終期(民執165・193Ⅱ)
　　① 執行供託したとき
　　② 取立訴訟の訴状が第三債務者に送達されたとき
　　③ 売却命令により執行官が売得金を受領したとき
　　④ 管理命令により、命令が継続する限り、配当実施するとき(民執161Ⅵ(109))
注2・取立権の発生時期(民執155Ⅰ・193Ⅱ)
　　債務者に対する命令送達の日から1週間の経過による
注3・配当等を受けるべき債権者の範囲(下記の時までに、差押え、仮差押えまたは配当要求を
　　した債権者)(民執165・193Ⅱ)
　　① 第三債務者が執行供託(民執156Ⅰ・Ⅱ・193Ⅱ、滞納処分の差押えとの競合等)したとき
　　　(ただし、仮差押えのみの執行供託(民保50Ⅴ(民執156Ⅰ))は除く)
　　② 取立訴訟の訴状が第三債務者に送達されたとき
　　③ 売却命令により執行官が売得金の交付を受けたとき

(園部厚『書式　債権・その他財産権・動産等執行の実務〔全訂13版〕』15頁)

では、若先生、債権差押えの手続をお願いします」

3　債権差押命令申立書

債権差押命令申立書は、【書式38】のとおりである。

【書式38】　債権差押命令申立書（《Case ③》）

```
┌─────────────┐
│  収入印紙     │
│  ￥4,000     │
└─────────────┘
　　（注1）
```

　　　　　　　　　　　　債権差押命令申立書

　　　　　　　　　　　　　　　　　　　　　　　　　平成25年○月○日

東京地方裁判所民事第21部　御中

　　　　　　　　　　　　債権者　　　　　　　X銀行株式会社
　　　　　　　　　　　　債権者代理人弁護士　　甲
　　　　　　　　　　　　同　　　　　　　　　　若

　　　　　　　　　　　当事者の表示　　⎫
　　　　　　　　　　　請求債権の表示　　⎬別紙　目録記載のとおり
　　　　　　　　　　　差押債権の表示　　⎭　　　　（注2）

　　　　　　　　　　　申立の趣旨

　債権者は、債務者に対し、別紙請求債権目録記載の執行力ある債務名義の正本に表示された上記債権を有するが、債務者がその支払いをしないので、債務者が第三債務者らに対して有する別紙差押債権目録記載の債権の差押命令を求める。

　　　　　　　　　　　　　　添付書類

　　1　執行力のある債務名義（確定判決）の正本　　　1通　（注3）
　　2　同送達証明書　　　　　　　　　　　　　　　　1通　（注3）
　　3　資格証明書　　　　　　　　　　　　　　　　　4通

```
 4  委任状                          1通
 5  陳述催告の申立書                 1通  (注4)
```

当事者目録

(以下略・仮差押命令申立書の当事者目録と同旨)

請求債権目録

金3,000万円 (注5)

ただし、債権者債務者間の東京地方裁判所平成25年(ワ)第○○○○号貸金請求等事件の執行力ある判決正本主文第1項に表示された元本金4,800万円の内金。

差押債権目録1
(第三債務者MU銀行株式会社分)

金1,000万円 (注6)

ただし、債務者が第三債務者MU銀行株式会社（△支店扱い）に対して有する下記預金債権及び同預金に対する預入日から本命令送達時までにすでに発生した利息債権のうち、下記に記載する順序に従い、頭書金額に満つるまで

記

1 差押えや仮差押えのない預金とある預金とがあるときは、次の順序による。
  ① 先行の差押えや仮差押えのないもの
  ② 先行の差押えや仮差押えのあるもの
2 円貨建預金と外貨建預金があるときは、次の順序による。
  ① 円貨建預金
  ② 外貨建預金
    ただし、差押命令が第三債務者MU銀行株式会社に送達された時点における第三債務者MU銀行株式会社の電信買相場（先物為替予約がある場合には、その予約相場）により換算した金額。

3　数種の預金があるときは、次の順序による。
　①　定期預金
　②　定期積金
　③　通知預金
　④　貯蓄預金
　⑤　納税準備預金
　⑥　普通預金
　⑦　別段預金
　⑧　当座預金
4　同種の預金が数口あるときは、口座番号の若い順序による。
　なお、口座番号が同一の預金が数口あるときは、預金に付せられた番号の若い順序による。

本件は東京地方裁判所平成25年(ヨ)第○○号の本執行移行である。(注7)

差押債権目録2
(第三債務者 SR 銀行株式会社分)

金1,000万円
　ただし、債務者が第三債務者 SR 銀行株式会社（☆支店扱い）に対して有する下記預金債権及び同預金に対する預入日から本命令送達時までにすでに発生した利息債権のうち、下記に記載する順序に従い、頭書金額に満つるまで

記

（以下略。差押債権目録1と同じ）

差押債権目録3
(DI 生命保険株式会社分)

金1,000万円
　ただし、債務者と第三債務者 DI 生命保険株式会社との間の下記生命保険契約に基づき、本命令送達日以降支払期の到来する①給付金請求権にして、支払期の早いものから頭書金額に満つるまで。②次いで、生存保険金請求権にして、

支払期の早いものから頭書金額に満つるまで。①及び②による金額が頭書金額に満たないうちに契約が中途解約された場合には、③解約返戻金請求権にして①及び②と合計して頭書金額に満つるまで。さらに①及び②による金額が頭書金額に満たず、かつ、中途解約されないうちに契約が満期を迎えた場合には、④満期金請求権にして①及び②と合計して頭書金額に満つるまで。

記

　保険契約の表示
　　　保険証券番号　　ＸＸＸ組ＸＸＸＸ－Ｘ号
　　　種類　　　　　　終身保険
　　　契約年月日　　　平成○年○月○日
　　　保険者　　　　　第三債務者
　　　保険契約者　　　債務者
　　　被保険者　　　　債務者
　　　受取人　　　　　△△△△

本件は東京地方裁判所平成25年(ヨ)第○○号の本執行移行である

(注1)　申立手数料（印紙額）は〈表10〉のとおり。
　　　　基本は、債務名義1通、債権者1名、債務者1名で4000円である（第三債務者の数は印紙額に影響しない）。

〈表10〉　債権差押命令申立書手数料

債務名義	債権者	債務者	金額
1通	1名	1名	4000円
1通	2名	1名	8000円
1通	1名	2名	8000円
2通	1名	1名	8000円

　　　　予納郵券の額は、〈表11〉のとおり（東京地方裁判所本庁：民事執行センター）。

〈表11〉 予納郵券切手一覧表（債権執行）

申立て種類	予納郵券切手 ¥500	¥80	¥50	¥10	合計	うち申立書に執行費用として計上できる額	備考
① 債権・その他財産権差押命令	8組	10組	8組	10組	¥5,300	陳述催告あるとき¥2,820 その他¥2,270	
② 債権転付命令	4組	2組	2組	1組	¥2,270		①②の同時申立は①と同じ
③ 売却命令 譲渡命令（電話加入権を除く）	12組	4組	4組	6組	¥6,580		ゴルフ売却・譲渡予納金 会員権1個につき ¥50,000 電話売却予納金 ¥8,000 （1本増ごとに¥5,000増） 電話譲渡予納金 ¥3,160 （1本増ごとに¥1,000増） 電話譲渡命令を求める場合は郵券1,050円×1組を追加
④ ①③の同時申立	17組	10組	10組	15組	¥9,950	陳述催告あるとき¥2,820 その他¥2,270	
⑤ 電話加入権差押・売却命令	6組	7組	3組	8組	¥3,790	¥2,270	
債務者1名増えるごとの加算基準	2組	1組	2組	1組	¥1,190	¥1,050増	
第三債務者1名増えるごとの加算基準（陳述催告あり）	3組	1組	3組	2組	¥1,750	¥1,600増	第三債務者は、送達場所ごとに1名として計算する。
第三債務者1名増えるごとの加算基準（陳述催告なし）	2組	1組	3組	2組	¥1,250	¥1,050増	

（東京地方裁判所民事第21部債権執行係）

（注2） 申立書とともに、目録類を必要部数提出する。
　　　　なお、東京地方裁判所（本庁：民事執行センター）の場合、当事者目録・請求債権目録・差押債権目録を各1部提出する。
（注3） 執行文付与申立ておよび送達証明取得手続については、第2章Ⅱ3（57頁）参照。
（注4） 陳述催告の申立てを忘れないようにする。
（注5） 〈*Case* ③〉では、仮差押え時の陳述書に基づく被差押債権額は下記の

とおり合計でも871万4289円にすぎないため、債務名義で示された元金4800万円の一部請求とした。

```
              記
MU銀行    普通預金    2,230,020円
SR銀行    普通預金      245,280円
DI生命    解約返戻金   6,238,989円
```

　一部請求額としては、被差押債権額＋αの1000万円程度にすることも考えられるが、仮差押え時の請求債権と平仄を合わせるため、3000万円とした。

　なお、〈Case ③〉では、被差押債権額が請求債権の元金を満足させるに足りないと判断するため、元金のみの一部請求とし、執行費用を請求していないが、法定執行費用は、債務名義を要せず同時に取り立てることができるので（民執42条2項）、執行費用も請求する場合は、その記載を行う。

（注6）　被差押債権の割り付けとして、上記被差押債権額での按分による割り付けも考えられるが、仮差押え時の請求債権と平仄を合わせるため、1000万円ずつの割り付けとした。
（注7）　〈Case ③〉では、仮差押えの本執行移行であるため、この記載を落とさないようにする。
　なお、仮差押え時と差押え時とで被差押債権の金額が異なる場合は、以下の記載例による。
　「本件は○○地方裁判所平成××年㈹第○○号の本執行移行である。（仮差押時の金額　金○○○○円）」。

VI　差押命令～換価（取立て）

1　差押命令

債権差押命令申立て後、特段問題なく、1週間ほどで【書式39】のとおり、差押命令が発令された。

【書式39】 債権差押命令（〈Case ③〉）

| 事件番号 | 平成25年(ル)第△△△△号 |

債権差押命令

当　事　者　　別紙目録のとおり（略）
請　求　債　権　別紙目録のとおり（略）

1　債権者の申立てにより、上記請求債権の弁済に充てるため、別紙請求債権目録記載の執行力のある債務名義の正本に基づき、債務者が第三債務者らに対して有する別紙差押債権目録記載の債権を差し押さえる。

2　債務者は、前項により差し押さえられた債権について取立てその他の処分をしてはならない。

3　第三債務者らは、第1項により差し押さえられた債権について債務者に対し弁済をしてはならない。

　　平成25年○○月○○日
　　　東京地方裁判所民事第21部
　　　　裁判官　　　□　□　□　□

　　　　これは正本である。
　　　　同日同庁
　　　　裁判所書記官　×　×　×　×

2　陳述書の返送、送達通知

　発令後、約10日経過したくらいから第三債務者からの陳述書が順次返送されてきた。内容としては、仮差押え時の陳述書の内容とほぼ変わらず（仮差押え時からの時間経過による利息、解約返戻金の増加）、差押え等の競合もなかった。

無事、本差押えも差さった。陳述書が返送されるまで差さったか失敗したかがわからないところが債権差押えの醍醐味かもしれない。

　第三債務者から陳述書が返送されてくる間に、民事執行規則134条に基づき、裁判所から送達に関する通知書（【書式40】）も送られてきた。この通知書によって、債務者への差押命令送達の日が判明し、債権者は、取立権が発生したかどうか（債務者へ差押命令が送達されてから1週間）を確認することができる。

　取立権が発生していることを確認のうえで、第三債務者である銀行と保険会社にそれぞれ取立通知を送付する。銀行に対する取立通知（【書式41】）は一般的な書式であるが、保険会社に対するもの（【書式42】）は、解約返戻金を取り立てる前提として、保険契約を解約する必要があるため、解約権を行使する旨も記載した。

　差押債権者が第三債務者から取立てを行う場合、債務者に差押命令が送達されてから1週間を経過したことが効力発生要件となる（民執155条1項）。したがって、取立権の行使にあたっては、第三債務者に送達に関する通知書（【書式40】）を示して取立てを行うことになるので、そのコピーを取立通知に添付する。第三債務者から原本の提示を求められた場合は、それに応じる必要があろうが、通常は、コピーでこと足りる。

【書式40】　送達に関する通知書（〈*Case* ③〉）

事件番号	平成25年(ル)第△△△△号

通　知　書

債　権　者　殿

　　　　　　平成25年○○月○○日
　　　　　　東京地方裁判所民事第21部
　　　　　　　裁判所書記官　　×　×　×　×

債　権　者 ｝
債　務　者 ｝添付の債権差押命令正本記載のとおり
第三債務者 ｝

上記当事者間の債権差押命令申立事件について、下記の事項を通知します。

記

上記事件についての債権差押命令正本は、次のとおり各送達されました。

　　債　務　者　　　　　　　　　　に対し、平成25年〇〇月〇〇日
　　第三債務者 MU 銀行株式会社　　 に対し、平成25年〇〇月〇〇日
　　第三債務者 SR 銀行株式会社　　 に対し、平成25年〇〇月〇〇日
　　第三債務者 DI 生命保険株式会社　に対し、平成25年〇〇月〇〇日

【書式41】　銀行に対する取立通知（《Case ③》）

ご　通　知

平成25年〇月〇日

MU 銀行株式会社　御中

　　　　　　　　　　債　権　者　X銀行株式会社
　　　　　　　　　　上記代理人弁護士　　　　若

　　　　　　　　　（連絡先）東京都〇区〇町〇丁目〇番〇号
　　　　　　　　　　　　　　〇〇〇法律事務所
　　　　　　　　　　　　　　tel 03-0000-0000　fax 03-0000-0000

前略　債権者は、別添1の東京地方裁判所平成25年(ル)第△△△△号債権差押
　　命令に基づき、債務者が貴殿に対して有する同命令差押債権目録記載の
　　債権を差し押さえておりますところ、債務者に対し、平成25年〇月〇日、
　　別添2のとおり同命令正本が送達されました。

上記のとおり、債務者に対し、同命令正本が送達されてから平成25年〇月〇日を以て、１週間が経過いたしますので、民事訴訟法155条１項の規定により、同日以降、債権者には、同命令にかかる差押債権について取立権が生じます。

　　　つきましては、同命令差押債権目録記載の債権につき、下記口座にお支払い下さるよう、ご通知した次第です。

　　　なお、債務者に支払いをなされても、有効な支払とはならず、二重に支払わなければならない危険を貴社が負担することとなりますのでおやめ下さるよう念の為申し添えます。

　　　ご不明の点等ございましたら、当職宛ご連絡下さい。

草々

記

〇〇銀行　　〇〇支店　普通　口座番号ＸＸＸＸＸＸ
口座名義　　〇〇〇〇

【書式42】　保険会社に対する取立通知（〈*Case* ③〉）

ご　通　知

平成25年〇月〇日

ＤＩ生命保険株式会社　御中

債　権　者　Ｘ銀行株式会社
上記代理人弁護士　　　　　若

（連絡先）東京都〇区〇町〇丁目〇番〇号
　　　　　〇〇〇法律事務所
　　　　　　tel 03-0000-0000　fax 03-0000-0000

前略　債権者は、別添１の東京地方裁判所平成25年(ル)第△△△△号債権差押命令に基づき、債務者が貴殿に対して有する同命令差押債権目録記載の債権を差し押さえておりますところ、債務者に対し、平成25年〇月〇日、

別添2のとおり同命令正本が送達されました。

　上記のとおり、債務者に対し、同命令正本が送達されてから平成25年〇月〇日を以て、1週間が経過いたしますので、民事訴訟法155条1項の規定により、同日以降、債権者には、同命令にかかる差押債権について取立権が生じます。

　また、最高裁判所第1小法廷平成11年9月9日判決により、生命保険契約の解約返戻金請求権を差し押さえた債権者は、これを取り立てるため、債務者の有する解約権の行使が可能であり、債権者は、債務者Yが有する保険契約解約権を本書面を以て行使し、同命令差押債権目録記載の債権につき、保険契約を解約致します。

　つきましては、同命令差押債権目録記載の債権につき、下記口座にお支払い下さるよう、ご通知した次第です。

　なお、債務者に支払いをなされても、有効な支払とはならず、二重に支払わなければならない危険を貴社が負担することとなりますのでおやめ下さるよう念の為申し添えます。

　ご不明の点等ございましたら、当職宛ご連絡下さい。

草々

記

　　〇〇銀行　　〇〇支店　普通　口座番号XXXXXXX
　　口座名義　　〇〇〇〇

3　取立て、事後処理

　第三債務者に取立通知を送付したところ、数日して各第三債務者からレスポンスがあった。

MU銀行「お支払いしますが、行内の手続があるので、債権者X銀行の資格証明書と印鑑証明書を送ってください」

SR銀行「お支払いします。1週間後くらいに着金になると思います。領収書をください」

DI生命「お支払いします。社内手続があるので、ご送付する所定の保険契

約解約請求書に所要の事項を記載したうえでご返送ください」
　第三債務者ごとによって、社内手続に基づく各種の手続や書類が必要なようであるが、クライアントの X 銀行にもお願いし、必要な書類を収集し、それぞれ所要の手続をとった。
　しばらくすると、各第三債務者から指定した口座に入金がなされた。
　回収は成功し、一連の手続が実質的に終了した。
　事後処理として、取立届（【書式43】）を執行裁判所に提出する。差押債権目録記載の被差押債権全額を取り立てた場合は、取立完了届を提出する。
　〈Case ③〉のように、実質的に取立ては終了したが、取立額が差押債権目録記載の被差押債権額に満たなかった場合は、事件の終了を明確にする見地から、被差押債権の残余部分の一部取下げをあわせて行う（【書式44】）。一部取下げを行わないと、債務名義の還付を得られない。
　還付された債務名義（執行文付き確定判決）には、差押命令の請求債権目録が添付されたうえ、【書式45】のような奥書がなされる。

【書式43】　取立届（〈Case ③〉）

平成25年(ル)第△△△△号　債権差押命令申立事件

　　　　　　　　　　取　立　届

　　　　　　　　　　　　　　　　　　　　平成25年〇月〇日

　東京地方裁判所民事第21部　御中

　　　　　　　　　　　債権者代理人弁護士　　　若
　　　　　債　権　者　　X 銀行株式会社
　　　　　債　務　者　　Y
　　　　　第三債務者　　MU 銀行株式会社
　　　　　　　　　　　　SR 銀行株式会社
　　　　　　　　　　　　DI 生命保険株式会社

160　第3章　債権の仮差押えおよび執行

　　上記当事者間の頭書事件について、債権者は債権差押命令に基づき、第三債務者らから下記の通り、取立てたのでお届けします。
　　　　　　　　　　　　　　　記
　　平成25年○月○日　　MU銀行株式会社　　　金XXXXXX円
　　平成25年○月○日　　SR銀行株式会社　　　金XXXXXX円
　　平成25年○月○日　　DI生命保険株式会社　金XXXXXX円
　　　　　　　　　　　　　　　　　　　　　　　　　　以上
　　　　なお、取立ては　1　全額完了しました。
　　　　　　　　　　　　2　まだ継続しています。
　　　　　　　　　　　　③　残額については不能。

【書式44】　取下書（《Case ③》）

平成25年(ル)第△△△△号　債権差押命令申立事件
債　権　者　　X銀行株式会社
債　務　者　　Y
第三債務者　　MU銀行㈱、SR銀行㈱、DI生命保険㈱

取　下　書

東京地方裁判所民事第21部　御中

　　　　　　　　　　　　　　　　　　　　　平成25年○月○日

　　　　　　　　　申立債権者代理人弁護士　　　　　若

　上記当事者間の債権差押命令申立ては、これを取り下げます。

　ただし、以下の部分を除く。
　　①　☑　既に取り立てた分
　　②　☐　既に配当（弁済金交付）を受けた分
　　③　☐　取下書が受理されるまでに事情届が提出された分

注意Ⅰ　差押えがされた債権について、①第三債務者から取り立てた分や、②裁判所から配当金（弁済金）の交付を受けた分があったり、③未配当

であるが供託した旨の事情届が提出されており、これについて配当を受ける意思がある場合は、該当する上記のにチェック（レ印）をしてください。

　①から③に該当するものがないときは空欄のままで構いません（例えば、取立権が生ずる前の第三債務者からの入金、債務者からの任意弁済、差押債権がなかった場合、申立ての全部を取り下げる場合等）。

Ⅱ　取下書に押印する印は、申立ての際に使用したもの、あるいは印鑑証明書を添付した実印でお願いします。

【書式45】　差押命令の請求債権目録（執行文付き確定判決）（〈*Case* ③〉）

請求債権目録

金3,000万円

　ただし、債権者債務者間の東京地方裁判所平成25年(ワ)第○○○○号貸金請求等事件の執行力ある判決正本主文第1項に表示された元本金4,800万円の内金。

　　　　　　　　　　　平成25年(ル)第△△△△号（奥書）
　　　　　　　　　　　前金額のうち
　　　　　　　　　　　金△，△△△，△△△円取立済
　　　　　　　　　　　平成25年○○月○○日
　　　　　　　　　　　東京地方裁判所民事第21部
　　　　　　　　　　　　　裁判所書記官　×　×　×　×

第4章 不動産の明渡しに関する仮処分および執行

I 事案の概要

―〈*Case* ④〉――
地主のX氏から、借地の明渡しをお願いしたいとの依頼があった。

〈*Case* ④〉におけるX氏からの聴取りに基づく報告書は以下のとおりである。

報 告 書

弁護士　　　若　　　殿

平成25年○月○日

X　　　印

1　私は、○市○町○丁目○番○号（地番：○番○、以下本件土地といいます。）に土地を所有し、この土地をY氏に貸しております。

2　本件土地は、元々は母（A）が所有していたものですが、昭和56年4月3日に母が亡くなったため、遺産分割の結果、私が単独で相続しました。

3　先代である母は、昭和52年2月28日に本件土地をYさんの先代であるYさんの父親Bに以下の内容で貸しました。

目　的　　非堅固建物の所有
　　　期　間　　20年（注：旧借地法の最短存続期間）
　　　地　代　　月額2,000円
　　　支払時期　当月分を当月末日までに支払う。

4　Bさんは、借地契約後、本件建物に2階建て木造建物（本件建物）を建築し、居住していました。

5　Bさんは、昭和60年8月4日に亡くなったため、その息子であるYさんが建物を相続し、借地も相続しました。また、その時に、地代の改定を行い、月額4万円に増額しました。

6　Yさんは、有限会社Yを設立し、本件建物の1階を有限会社Yの事務所兼作業場として使用していました。この件につき、Yさんが私に承諾を求めたり、また私が承諾をしたことはありませんが、有限会社Yといっても、Yさんの個人事業が法人成りしたに過ぎないもので、従業員等もおらず、目くじらを立てるほどの問題ではないので、事実上黙認していました。

7　Yさんは、平成22年7月分から地代を延滞し、現在に至るまで地代の支払いはありません。初めの頃は、本件建物に姿が見えたので「地代が滞ってますよ」と督促すると「すみません。ちょっと資金繰りが厳しくて、2～3カ月待って下さい。」などと言っていたのですが、1年くらい前からは、姿を見せなくなりました。住居は別のところにあるようです。
　　また、Yさんは、どうも筋の良くないところからお金を借りているようで、取立屋と思しき人が本件建物に出入りしているところも見ています。

8　今お話ししたとおり、本件土地、本件建物ですが、現在は誰も居住・使用しておらず、荒れるがままになっています。本件建物も築後35年経過し、老朽化が著しく、いつ倒壊するかも分からない状況です。
　　私としては、長い付き合いもありますが、2年近く地代が入らないのでは致し方ないですので、この機に本件土地を綺麗にして、売却したいと思って

います。
　若干の蓄えはありますので、多少費用がかかっても後顧の憂いがないようにしたいと思います。

以上

〈*Case* ④〉を時系列にすると以下のとおりである。
昭和52年2月28日　　本件借地契約
昭和56年4月3日　　賃貸人Ｘ氏の母死亡。Ｘ氏が相続。
昭和60年8月4日　　賃借人Ｂ氏死亡。Ｙ氏が相続。
　　　　　　　　　　地代￥2000円→￥4万円に増額。
平成22年7月31日　　地代延滞発生。

II 現地調査

　甲弁護士（以下、「弁護士」という）と若先生は、Ｘ氏との打合せの後、本件土地および本件建物の現地調査に赴いた。

　本件土地の所在は、東京の郊外で、ターミナル駅から電車で30分ほど、最寄り駅から徒歩で15分ほどの場所である。周囲は、近郊住宅地として整備されているが、ところどころに雑木林等の緑が残っている。事前に調べたところ、本件土地は、都市計画法上の市街化区域であり、用途地域として第一種住宅地域に指定されている。また、Ｘ氏の自宅からは、徒歩で15分ほどの場所に位置している。

　本件土地の前まで来てみると、周りの状況と若干違和感のある風景に出くわす。状況は〔図14〕のとおりであるが、本件土地の両隣がきちんと造成されたごく普通の一軒家であるのに対し、本件土地は、造成もされず、地盤が丸出しの状態である。公道から奥まったところに、お化け屋敷といってもよい老朽化した木造建物があり、その周囲は鬱蒼と雑木林が手入れもされず生い茂り、荒廃した模様にさらに興を添えている状態である。

〔図14〕〈*Case* ④〉立地状況（略図）

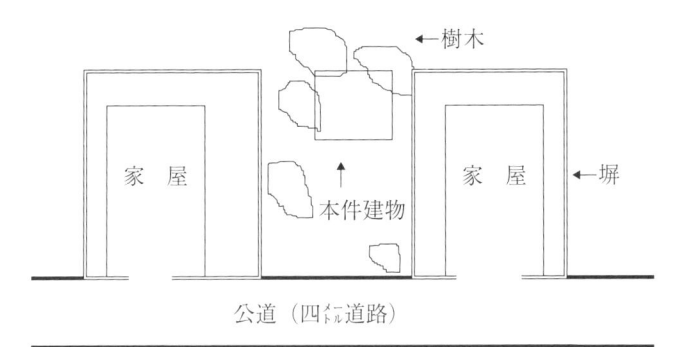

←樹木
←塀
家屋　本件建物　家屋
公道（四m道路）

〈本件建物〉（イメージ）

　敷地に立ち入るのは問題があるため、公道から様子をうかがうしかないが、人の気配は全く感じられず、生活臭もしない。
　本件建物の1階の周囲には、Y氏の仕事道具と思われる、器具・工具や資材が乱雑に放置されている。1階に郵便受けがあるが遠すぎて名前までは読み取ることができない。
　2階へは、外階段から上るようになっており、1階と2階は、構造上は分

離され、独立した占有が認められそうである。

本件建物以外の建物や工作物は特段見当たらなかった。

もう一度ひと回り周囲を見回して、現地調査を終えた。

III 方針検討（弁護士間の協議）

1 執行方法

若先生「今回は『家明け』ですね。これも初めてなのでご指導ください」

弁護士「はい。では、早速ですが、本件では、誰に対し、どういう請求を立てていきましょうか？　言い換えれば、どのような判決主文をとりましょうか？」

若先生「Xさんとしては、本件土地を返してもらいたいのですから、土地の明渡請求は当たり前。そして、Yさんは、建物所有の形態で本件土地を占有していますから、Yを被告として、建物収去土地明渡しを求めます」

弁護士「マニアックな話になってしまいますが、建物収去土地明渡請求の訴訟物は1個ですか2個ですか？」

若先生「司法研修所で習いました。旧1個説、新1個説、2個説等の見解があります。通説は旧1個説で、訴訟物は所有権に基づく返還請求権として1個であるが、土地の明渡しの債務名義だけでは、別個の不動産である地上建物を収去執行できないので、執行方法の明示として建物収去が必要であるが、それは土地明渡しの手段ないし履行態様であって、請求権の発現ではない。そんな理屈でした」

弁護士「そうですね。実務では建物収去明渡しで債務名義をとり、1個の債務名義で建物の収去、つまり取壊しおよび残材の搬出をして、更地を債権者に引き渡すことで執行を終えますが、理屈としては、

　　① 物の引渡しを目的とする直接強制としての明渡執行

と

　　② 代替的作為義務である建物収去の代替執行として収去執行が融合した執行であるといえます。ですので、債務名義（執行文付き確定判決等）をとって直ちに執行申立てはできず、授権決定（民執171条１項）を得て、代替執行をする必要があります。建物収去の前提として、建物に対する占有を解く必要がありますが、その執行も建物収去土地明渡しの執行に含まれます。

　ここまで前振りしておいて、さて、本件ではＹに対する建物収去明渡しだけでよいでしょうか？」

若先生「有限会社Ｙがいますね。でも履行補助者でＹ個人に対する債務名義で執行できませんか？」

弁護士「本件土地・建物の中まで踏み込めませんでしたが、外からみて本件建物の１階は作業場として使用されていた形跡があります。また、念のために有限会社Ｙの履歴事項全部証明書（商業登記簿謄本）をとってみたのですが、法人として登記され、本店所在地は本件土地の所在地になっています。有限会社Ｙの占有が認定される蓋然性が高いですから、履行補助者では通らないでしょう。執行不能になるでしょうね」

若先生「そうすると、どうなんでしょう？　有限会社Ｙを被告にして建物明渡しを請求すればよいのでしょうか？」

弁護士「本件建物の所有者はＸさんじゃないです。Ｙですね。Ｘさんに所有権がないので所有権に基づく建物明渡しは立たないでしょう。Ｘ－Ｙ有限会社間に貸借等の契約関係もないですから、契約終了に基づく目的物返還請求も同様です」

若先生「では、有限会社Ｙは、建物占有を通じて土地を占有していますので、土地明渡請求ですかね？」

弁護士「それだと本件建物に対する有限会社Ｙの占有を解けないから、本件建物の収去が執行不能になります」

若先生「なるほど、どうすればよいでしょうか？」

弁護士「実務上、執行方法として『建物退去土地明渡し』という方法が認められています。これを認めないと本件のような場合、執行ができなくなってしまいますから。ですので、Yに対する建物収去土地明渡請求訴訟に併合して、有限会社Yを被告とする建物退去土地明渡請求を提起することになります」

若先生「『明渡し』と『退去』では何が違うのですか？」

弁護士「『明渡し』とは、占有を解いて、空き家にして、債権者に引き渡して、債権者に事実支配を移す執行方法です。

　　　一方、『退去』とは、占有を解いて、空き家にすれば終わりです。事実支配を債権者に与える必要はないわけです。Xさんは、ただの土地所有者ですから、他人の物であるYさん所有の建物の事実支配を得るいわれがありません。本件建物に対する何の占有権原もありません。Xさんにしてみれば、建物収去権を実現させるため、建物から占有者を排斥できればよいわけで、『退去』させられれば十分なわけです」

若先生「なるほど。理論的には、建物退去明渡しが認められるためには、建物所有者が土地の占有権原を有しないことが要件になりますね。親亀こけたら子亀もこける理論ですね」

弁護士「そのとおりです。所有者の占有者に対する不動産の明渡執行をまとめると、〔図15〕のとおり3類型に分類することができます。これに応じて、訴訟類型も、

　　① （土地・建物）明渡請求

　　② 建物収去土地明渡請求

　　③ 建物退去土地明渡請求

の3形態があります」

〔図15〕 不動産明渡執行の類型
① 明渡し

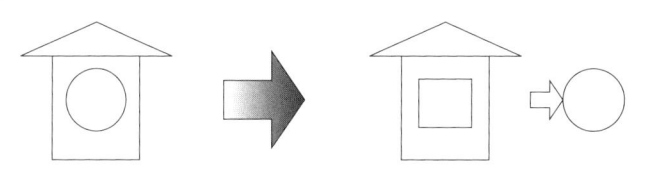

＊○は占有者の事実支配、□は所有者の事実支配

② 収去明渡し

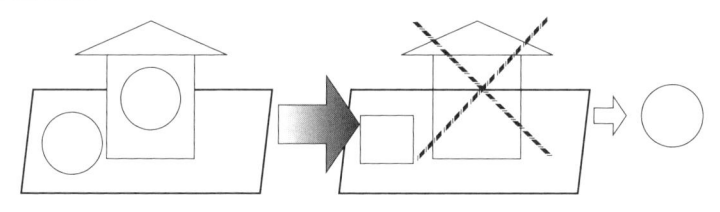

＊○は建物所有者の事実支配、□は土地所有者の事実支配

③ 退去明渡し

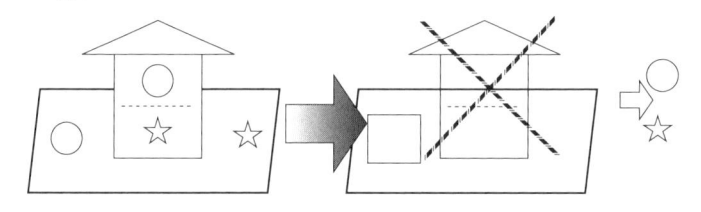

＊○は建物所有者の事実支配、☆は建物占有者の事実支配、
　□は土地所有者の事実支配

2　理論構成

弁護士「メインの請求は、
　　　　① Yに対する建物収去土地明渡請求
　　　　② 有限会社Yに対する建物退去土地明渡請求
　　　でいくとして、理論構成はどうしましょうか？」

若先生「①に関してですが、Xさんの土地所有権に基づく返還請求権としての構成とX―Y間の賃貸借(借地)契約終了に基づく目的物返還請求権としての構成が考えられます。契約終了原因としては、賃料(地代)不払いによる解除になると思います。

　　　まあ、所有権構成ですと、抗弁として占有権原(賃貸借)が主張立証されるでしょうから、どのみち再抗弁として賃貸借契約の終了原因である解除を主張立証することになるので、類型的には契約終了に基づく目的物返還請求権の構成でよいかと思います」

〔図16〕 建物収去土地明渡請求の構造 (《Case ④》)
Stg (Streitgegenstand)
所有権に基づく返還請求権としての建物収去土地明渡請求

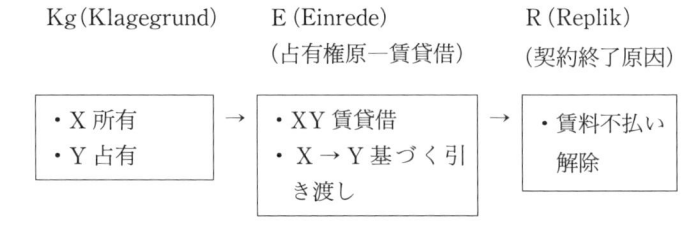

Kg (Klagegrund)	E (Einrede) (占有権原―賃貸借)	R (Replik) (契約終了原因)
・X 所有 ・Y 占有	→ ・XY 賃貸借 ・X → Y 基づく引き渡し	→ ・賃料不払い解除

弁護士「構成としては契約終了構成に賛成です。一応、その場合の問題点として、賃料不払解除は認められますかね？　つまり信頼関係が破壊されたといえるか？」

若先生「ちょっと調べてみたのですが、借地ですと数カ月の地代延滞だけでは解除を認めない判例もあります。しかし、本件では2年間も延滞していますからまず大丈夫だと思います」

弁護士「同意します。そうするとまず解除通知を送るところから始まりますね。付帯請求として、解除後の賃料相当損害金の請求と未払賃料の請求もあわせて行いましょう。

　　　次に②の、有限会社Yに対する建物退去土地明渡請求はどう料理しましょうか？」

若先生「Ｙと有限会社Ｙ間にどのような法律関係があるかわかりませんが、先ほど先生が言われたとおり、親亀こければ子亀もこけます。ＸさんとＹ間の賃貸借契約を解除すれば、Ｙは本件土地に対して無権原者になります。有限会社Ｙの土地に対する占有権原は、Ｙの占有権原に基づくものですから、Ｙの占有権原が消滅した以上、有限会社Ｙは土地を占有する何らの占有権原を有しません。ですので端的にＸの本件土地所有権に基づく返還請求としての建物退去土地明渡請求でよいと思います。Ｘ－Ｙ間の契約解除後は、不法占有者になりますから、不法行為に基づく損害賠償として賃料相当損害金を請求します」

弁護士「Ｙに対する賃料相当損害金の請求と有限会社Ｙに対する同請求との関係はどうなります？」

若先生「Ｙに対しては、目的物返還義務の履行遅滞に基づく遅延損害金という構成が簡便と聞いたことがありますが、そうすると有限会社Ｙに対する遅延損害金の請求とはどういう関係になるのですか？　請求権としてそれぞれ立つのは間違いないですが、損害額の考え方が難しいですね……１カ月あたり４万円と考えて、それぞれ４万円ずつというのはとりすぎている気がするし、半々なんですかね？」

弁護士「現実には回収できないでしょうし、あまりこだわる必要もないでしょうが、Ｙに対しても不法占有による損害賠償と考えて、共同占有者による共同不法行為として不真正連帯債務にすれば美しくないですか？」

若先生「あ、それいいですね」

弁護士「理論構成としてはこのような感じでよいでしょう。次に立証面ですね」

若先生「そもそもＹが弁論に出てきますかね？」

弁護士「Ｘさんの話や過去の私の経験からすると、欠席の公算が高いで

　　　　　　すね。だからといって手抜きすると足元をすくわれることがあり
　　　　　　ます」
若先生「はい。そうすると、やはり占有を認定できるかがポイントです
　　　　ね」
弁護士「うん。だけど現段階では『疎明』のレベルでよいですよ」
若先生「？『証明』ではなくて？」
弁護士「ええ、またこの後すぐに話しますが、本件では占有移転禁止の仮
　　　　処分を打っておこうと思っています。そうすると、その保全執行
　　　　の時に占有者を認定できるし、執行官が執行調書を作成しますか
　　　　らそれを本訴では証拠として提出すればOK。そうすると、仮処
　　　　分が通ればよいので、占有につき疎明できればとりあえず現段階
　　　　では大丈夫です」
若先生「疎明でと考えると、Yに関しては、借地の契約書とXさんの報
　　　　告書で、有限会社Yに関しては、現在事項全部証明書（商業登記
　　　　簿謄本）とXさんの報告書程度で大丈夫ですか？」
弁護士「ええ、まず大丈夫だと思います。賃貸借とその解除に関しては借
　　　　地契約書がありますし、解除は、これから内容証明プラス配達証
　　　　明でやりますから立証は十分ですね」

3　仮処分

弁護士「先ほど話した仮処分ですが、本件では、Yが悪い筋から借金し
　　　　ているという話もあります。執行妨害や債権回収されるおそれが
　　　　ありますし、一般論として、保全執行を行うと、任意の明渡しも
　　　　期待できますので、仮処分は打っておくべきと考えています。さ
　　　　て、おさらいです。仮処分は大きく分けて2つのタイプがありま
　　　　すが、わかりますか？」
若先生「仮処分は、
　　　　　① 係争物に関する仮処分（民保23条1項）

② 仮の地位を定める仮処分（民保23条２項）

の２つがあります。

　①の係争物仮処分は、係争の対象物、本件では不動産ですが、その現状が変更されることによって、権利実行ができなくなったり著しい困難が生じることを防止するためのものです。

　②の仮地位仮処分は、権利者に生じる著しい損害や急迫の危険を避けるために暫定的に一定の法律上の地位を定めることを目的とするものです」

弁護士「そうですね。

　①の係争物仮処分は、第１次的には現状の固定すなわち当事者恒定効を得るための制度です。仮処分が発令されたからといって、保全債務者は係争物に対する処分が禁止されるわけではなく、譲渡も担保権設定も実際には自由にできます。ただそんなことをしても無駄になるだけです。

　②の仮地位仮処分は、ひとことで言えば勝訴判決の先取りです。その意味で満足的仮処分と言われます。例としては、抵当権の存否を争っている場合の抵当権実行禁止の仮処分、解雇された労働者が解雇の効力を争う場合の賃金仮払仮処分、街宣活動で名誉が毀損されている場合の街宣禁止の仮処分などが典型例です。仮地位仮処分は、暫定であるにせよ債権者に満足的効果を与えるもの＝債務者に莫大なダメージを負わせるものですから、発令要件・手続も相当に厳しいです。事例があったらまた詳しくお話しましょう（第５章参照）」

若先生「先生、実は当事者恒定効というのが今ひとつ理解できないのですが……係争物仮処分の目的自体はわかります。たとえば、物の所有権を訴訟で争っている時に、被告がその物を第三者に譲渡してしまえば、第三者に対して別訴を提起しなければならず、係属している訴訟自体が無意味になってしまいますからね。それを防止

するために処分を禁止することはわかるのですが、実際には処分できるわけですよね？　それが何で当事者恒定になるのかと疑問に思ってしまうわけですが」

弁護士「当事者恒定効とは、口頭弁論終結時を仮処分の効力発生時にさかのぼらせる効力だと考えればすっきりすると思います。

　先ほど若先生は、訴訟係属中に係争物が第三者に譲渡されたときは、第三者に別訴を提起しなければならないとおっしゃっていましたね。その状況は、図にすると以下のとおりです。

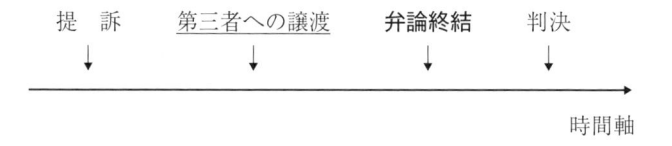

```
提　訴    第三者への譲渡    弁論終結    判決
 ↓           ↓              ↓         ↓
────────────────────────────────────────→
                                      時間軸
```

では、以下の図の場合はどうなりますか？」

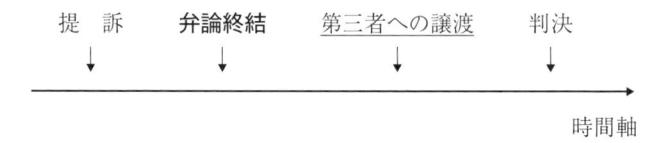

```
提　訴    弁論終結    第三者への譲渡    判決
 ↓         ↓            ↓            ↓
────────────────────────────────────────→
                                      時間軸
```

若先生「民事訴訟法115条1項3号の『口頭弁論終結後の承継人』となりますから、確定判決の効力は、第三者＝承継人に及びます」

弁護士「つまり、弁論終結時が、当該訴訟の判決の効力が承継人に及ぶか否かの分水嶺になるわけですね。言い換えれば、弁論終結後の承継人に対しては、別訴を提起して新たに債務名義を得る必要がないということです。弁論終結後の承継人には、当該債務名義の効力が及びます（民執23条1項3号カッコ書）。執行手続としては、当該債務名義に承継執行文（同法27条2項）の付与を受ければOKです」

若先生「そうすると、以下の図のように提訴以前に仮処分の効力が発生していたとすると、その時が弁論終結時と考えればよいわけですね。

そうすると、仮処分の効力発生後に承継人が現れても、訴訟では全く無視して（最判昭和46・1・21民集25巻1号25頁）、仮処分時の債務者を被告として訴訟遂行し、判決を得れば当該判決に承継執行文の付与を受けて、承継人に対し、強制執行できるというわけですか。
　なるほど、仮処分によって、訴訟の当事者が固定されました。これが当事者恒定効というわけですね」

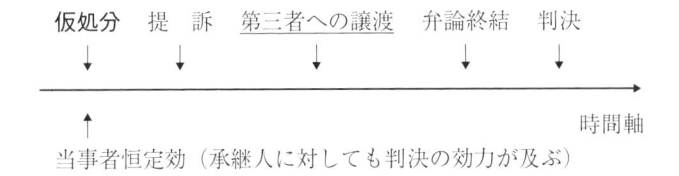

```
仮処分    提 訴   第三者への譲渡   弁論終結   判決
  ↓       ↓         ↓            ↓        ↓
──────────────────────────────────────→
                                         時間軸
  ↑
当事者恒定効（承継人に対しても判決の効力が及ぶ）
```

弁護士「本件でも本件建物が処分されたり、占有者が変わったりする可能性を排斥できませんので、当事者恒定のために仮処分が必要と考えるわけです。
　　　では、若先生、本件ではどのような仮処分を行えばよいでしょうか？」
若先生「まず本件建物が譲渡されると厄介ですから、これを禁じる仮処分が必要です」
弁護士「処分禁止の仮処分です。より正確には、『建物収去土地明渡請求権を保全するための建物の処分禁止の仮処分』（民保55条）です。
　　　この仮処分の執行としては、登記記録に『処分禁止』の登記を行う方法によります。
　　　当事者恒定効として、この処分禁止の登記がなされた後に建物を譲り受けた者に対しても、本案の債務名義で収去明渡しの執行ができます（民保64条）」
若先生「本件建物の中に変な奴に入り込まれて居座られても厄介ですから、これを禁じる仮処分が必要です」

弁護士「『占有移転禁止の仮処分』です（民保25条の2第1項）。
　　　　本件では、Yと有限会社Yが共同占有しているようなので、それぞれに対し、仮処分を打つ必要があります。
　　　　この仮処分の執行としては、係争物の占有の移転を禁止し、その占有を解いて執行官に引き渡すべきことを命じ、執行官に係争物の保管をさせ、かつ、そのことを公示する方法によります（民保25条の2第1項1号および2号）。『執行官に保管させ』とありますが、仮処分命令の態様は、以下の3類型に分かれます。
　　　①　執行官保管・債務者使用型
　　　②　執行官保管型
　　　③　執行官保管・債権者使用型
　　　　占有移転禁止の仮処分といった場合、①の執行官保管・債務者使用型がほとんどです。この類型の場合、実際には占有状態は変動せず、当該物件に公示書が貼られるだけです。
　　　　②、③の類型は、当事者恒定を目的とするより、実質的には満足的仮処分ですから、発令要件は厳しいですし、担保（保全保証金）も高額になります。
　　　　当事者恒定効として、この仮処分命令の執行がされたことを知って係争物を占有した者や仮処分命令の執行後にその執行がされたことを知らないで債務者の占有を承継した者に対しても、本案の債務名義で明渡しの執行ができます（民保62条1項）。そして、占有移転禁止の仮処分命令執行後に係争物を占有した者は悪意が推定されます（同条2項）」
若先生「建物自体の処分禁止、建物の占有移転の禁止ときたら、土地の占有移転の禁止の仮処分も考えられますね」
弁護士「土地に建物敷地以外の部分があるような場合、つまり建ぺい率が100％未満で、庭があるような場合、理論上は建物占有を通じての建物敷地の占有以外の土地に対する占有が考えられますので、

その部分に関する占有移転がなされそうな場合は、土地に対する占有移転禁止の仮処分も検討する必要があります。そうすると本件では、
　　　　・YおよびYに対し、土地・建物に対する占有移転禁止の仮処分
　　　　・Yに対し、建物に対する処分禁止の仮処分
　　　を行うことになります」
若先生「先生は先ほど第1次的には当事者恒定効とおっしゃいましたが、ほかに目的があるのですか？」
弁護士「法的な効果ではなくて、実質論なのですが、占有移転禁止の仮処分の執行は、現実に建物に立ち入って公示書を貼るという形で行われます。居住者の在宅の有無を問わず、強制的に行えます。そうしますと、債務者にしてみれば、法的措置がとられたということが実感としてわかるので、訴訟提起しなくても任意での明渡しが期待できるというメリットがあります」
若先生「先生、最後に担保の目安を教えてください」
弁護士「司法研修所編『民事弁護教材改訂民事保全〔補正版〕』30、31頁に基準表が載っています。これが参考になると思います。
　　　　実務感覚では、占有移転禁止の仮処分でオーソドックスな債務者使用型の場合、仮差押えよりは低額です。あくまで感覚ですが、この場合は、不動産評価額の1〜5％程度、適正賃料の3カ月分程度という感じです。
　　　　処分禁止の仮処分の場合は、10〜15％程度という感じです。もちろん不動産仮差押え（第1章）のときにお話したとおり、被保全権利の疎明の程度が高ければその分担保の金額は低くなります」
若先生「わかりました。早速起案します」
弁護士「Y氏に解除通知を送ったら、直ちに仮処分申立てができるよう

に準備しておいてください」

Ⅳ 仮処分申立て

1 解除通知

方針決定後、依頼者Ｘ氏の承認をもらい、直ちに事件処理に着手した。

まず地代不払いを理由に借地契約の解除通知をＹに送付した。解除通知を送付することによりＹから何らかのリアクションがあるかとも期待したが、通知到達後１週間を経過してもなしのつぶてであったため、規定方針どおり、仮処分の申立てを行った。

2 仮処分命令申立て

占有移転禁止の仮処分および処分禁止の仮処分をそれぞれ【書式46】および【書式47】のとおり起案し、申し立てた。

【書式46】 占有移転禁止仮処分命令申立書（〈*Case* ④〉）

占有移転禁止仮処分命令申立書

平成25年〇月〇日

〇〇地方裁判所民事部　御中

債権者代理人弁護士　　　甲
同　　　　　　　　　　　若

当事者の表示　　別紙目録記載のとおり
目的物の表示　　別紙目録記載のとおり

保全すべき権利　建物収去土地明渡請求権
　　　　　　　　建物退去土地明渡請求権

申立の趣旨

　債務者らは、別紙物件目録記載の物件に対する占有を、他人に移転し、又は占有名義を移転してはならない

　債務者らは、上記物件の占有を解いてこれを執行官に引き渡さなければならない

　執行官は、上記物件を保管しなければならない

　執行官は、債務者らに上記物件の使用を許さなければならない

　執行官は、債務者らが上記物件の占有の移転又は占有名義の変更を禁止されていること及び執行官が上記物件を保管していることを公示しなければならない

との裁判を求める。

申立の理由

第1　被保全権利
1　債権者の土地所有権
　　債権者は、別紙物件目録記載の土地（以下「本件土地」という）の所有者である（甲1・不動産全部事項証明書）。
2　賃貸借契約の成立等
　①　Aは、Bに対し、昭和52年2月28日、本件土地を、下記条件で賃貸し（甲2・借地契約書、以下「本件借地契約」という）、これに基づき本件土地を引き渡した。
　　　期　間　昭和52年2月28日より20年間
　　　地　代　月額金2000円
　　　賃料の支払期限　当月分を当月末日までに支払う
　②　Bは、本件土地上に別紙物件目録記載の建物（以下「本件建物」という）を所有し、居住していた（甲3・不動産全部事項証明書）。
3　借地契約の承継等
　①　Aは、昭和56年4月3日死亡し、債権者が本件土地を相続し（甲1）、債権者が本件土地の賃貸人となった。
　②　Bは、昭和60年8月4日死亡し、債務者YがBを相続し（甲3）、

本件借地権者及び本件建物所有者は債務者Yとなった。
　債務者Yは、本件建物を占有している（甲4・報告書）。
③　債権者と債務者Yは、昭和60年9月頃、本件借地契約の地代を月額金4万円とすることに合意した（甲4、甲5・地代入金帳）。
4　解除
①　債務者Yは、債権者に対し、平成22年7月分以降の地代の支払いを怠った（甲4、甲5）。
②　債権者は、平成25年〇月〇日債務者Y到達の書面により、同書面到達後5日以内に地代滞納額（平成22年7月分より同25年〇月分までの賃料）合計金〇〇万円を支払わない場合は、同期間の経過をもって、本件借地契約を解除する旨通知した（甲6の1，2・解除通知書）。同期間は経過したが支払がなされなかったため、本件借地契約は同年〇月〇日の経過をもって解除により終了した。
　債務者Yは、本件土地の占有権原を有せず、無権原者である。
5　債務者有限会社Yの占有
　債務者有限会社Yは、本件土地所在地を本店として登記し（甲7・履歴事項全部証明書）、本件建物1階をその事務所及び作業場として使用し、本件建物及び本件土地を占有している（甲4）。
　債務者有限会社Yは、本件土地の占有権原を有せず、無権原者である。
6　被保全権利まとめ
　よって、債権者は、債務者Yに対し、賃貸借契約終了に基づく目的物返還請求権としての建物収去土地明渡請求権を、債務者有限会社Yに対し、所有権に基づく返還請求権としての建物退去土地明渡請求権を有する。

第2　保全の必要性
1　債権者は、債務者らに対し、建物収去土地明渡請求訴訟及び建物退去土地明渡請求訴訟を提起すべく準備中である。
2　債務者Yは、平成22年7月以降、約2年近く地代の延滞を怠り、経済的に困窮している状況が伺われる。債務者有限会社Yは、Yが法人成りした法人であり、経済関係について実質的に、Yと同一視できる。債務者らは近年、本件土地及び建物での営業実態が認められないところ、債務者らは、

いわゆる街金から金銭の借入を行っている模様であり、取立屋と思しき人物が本件土地・建物近辺に出入りしている状況も認められる（甲4）。
　債務者らが本件建物に対する占有を移転し又は占有名義を変更することは容易であり、上記の状況に照らすとそのおそれは極めて大きい。
3　また、本件土地は、建物敷地以外の部分が広く、余った土地に建物を建築されるおそれや、土地の占有を移転されるおそれも高い。
4　これらのおそれが現実化すると、債権者は本案の勝訴判決を得ても、その執行が不可能又は著しく困難になるため、本申立に及ぶ次第である。

疎明方法

甲1	不動産全部事項証明書（本件土地）
甲2	借地契約書
甲3	不動産全部事項証明書（本件建物）
甲4	報告書
甲5	地代入金帳
甲6の1，2	解除通知及び同配達証明書
甲7	履歴事項全部証明書

添付書類

甲号証写し	各2通
固定資産評価証明（土地・建物）	1通
資格証明書（甲7と兼用）	1通
委任状	1通

以上

当事者目録

〒200-0000　〇〇〇県〇〇市〇区〇町〇〇〇番地
　　　　債　　権　　者　　　X

（送達場所）

〒100-0000　東京都○区○町○丁目○番○号
　　　　　　債権者代理人弁護士　　　甲
　　　　　　同　　　　　　　　　　　若
　　　　　　tel 03-0000-0000　fax 03-0000-0000

〒200-0000　○○○県○○市○区□町○丁目○番○号
　　　　　　債　務　者　　　Y

〒200-0000　○○○県○○市○区○町☆☆☆番地
　　　　　　債　務　者　　　　　有限会社 Y
　　　　　　上記代表者取締役　　Y

物件目録

（土地の表示）
　　所　　在　　○○市○区○町
　　地　　番　　☆☆☆番
　　地　　目　　宅地
　　地　　積　　304.25平方メートル

（建物の表示）
　　所　　在　　○○市○区○町☆☆☆番地
　　家屋番号　　☆☆☆番
　　種　　類　　居宅
　　構　　造　　木造スレート葺2階建
　　床 面 積　　1階　128.06平方メートル
　　　　　　　　2階　 13.22平方メートル

【書式47】 不動産仮処分命令申立書（《Case ④》）

不動産仮処分命令申立書

平成25年○月○日

○○地方裁判所民事部　御中

債権者代理人弁護士　　　　甲
同　　　　　　　　　　　　若
当事者の表示　　別紙目録記載のとおり
目的物の表示　　別紙目録記載のとおり
保全すべき権利　建物収去土地明渡請求権

申立の趣旨

　債務者は、別紙物件目録記載の建物について、譲渡並びに質権、抵当権及び賃借権の設定その他一切の処分をしてはならない。
との裁判を求める。

申立の理由

第1　被保全権利
1　債権者の土地所有権（略・【書式46】と同じ）
2　賃貸借契約の成立等（同上）
3　借地契約の承継等（同上）
4　解除（同上）
5　被保全権利まとめ
　よって、債権者は、債務者に対し、賃貸借契約終了に基づく目的物返還請求権としての建物収去土地明渡請求権を有する。
第2　保全の必要性
1　債権者は、債務者に対し、建物収去土地明渡請求訴訟を提起すべく準備中である。
2　債務者Yは、平成22年7月以降、約2年近く地代の延滞を怠り、経済的に困窮している状況が伺われるところ、債権者は、いわゆる街金から金銭の

借入を行っている模様であり、取立屋と思しき人物が本件土地・建物近辺に出入りしている状況も認められる（甲4）。

　上記の状況に照らすと、債務者が本件建物を処分するおそれは極めて大きい。
3　これのおそれが現実化すると、債権者は本案の勝訴判決を得ても、その執行が不可能又は著しく困難になるため、本申立に及ぶ次第である。

疎明方法

(略)

添付書類

(略)

以上

当事者目録

〒200-0000　○○○県○○市○区○町○○○番地
　　　　　　債　権　者　　　X

(送達場所)
〒100-0000　東京都○区○町○丁目○番○号
　　　　　　債権者代理人弁護士　　甲
　　　　　　同　　　　　　　　　　若
　　　　　　tel 03-0000-0000　fax 03-0000-0000

〒200-0000　○○○県○○市○区□町○丁目○番○号
　　　　　　債　務　者　　　Y

```
                物件目録
  所　　在　　〇〇市〇区〇町☆☆☆番地
  家屋番号　　☆☆☆番
  種　　類　　居宅
  構　　造　　木造スレート葺2階建
  床 面 積　　1階　128.06平方メートル
              2階　 13.22平方メートル
```

（注）　処分禁止の仮処分の保全執行は、書記官が処分禁止の登記を嘱託登記する方法により行われるので、不動産仮差押え（第1章）のときと同様に、発令時に権利者義務者目録、登記用物件目録を提出し、登録免許税を納付する。

3　発　　令

今回は申立て先が東京地方裁判所ではなかったので、管轄裁判所に問い合わせたところ、原則として債権者の面接は行わない運用であるとのことであった。そのため、郵送で各仮処分の申立てを行った（この場合、原本も同封し、後で還付してもらうこととなる）。

申立て後数日すると、書記官から電話連絡があった。特段問題もないので発令予定であるとのことであり、担保（保全保証金）の提供と郵券および目録類の提出、登録免許税の納付を指示されたので、所要の手続を行った。

さらに数日後、【書式48】および【書式49】のとおり、仮処分決定正本が債権者代理人宛てに送達され、無事仮処分命令が発令された。本件建物の不動産全部事項証明書（不動産登記簿謄本）をとってみたところ、【書式50】のとおり、仮処分の登記がなされていた。

【書式48】 仮処分決定（〈Case ④〉）

仮処分決定

当事者の表示　別紙当事者目録記載のとおり（略）

　上記当事者間の平成25年(ヨ)第○○号仮処分命令申立事件ついて、当裁判所は、債権者の申立を相当と認め、債権者に債務者らのため各金5万円の担保を立てさせて、次のとおり決定する。

主　　　文

　債務者らは、別紙物件目録（略）記載の物件に対する占有を他人に移転し、又は占有名義を変更してはならない。
　債務者らは、上記物件の占有を解いて、これを執行官に引き渡さなければならない。
　執行官は、上記物件を保管しなければならない。
　執行官は、債務者らに上記物件の使用を許さなければならない。
　執行官は、債務者らに上記物件の占有の移転又は占有名義の変更を禁止されていること及び執行官が上記物件を保管していることを公示しなければならない。
　　平成○○年○月○日
　　　　　○○地方裁判所
　　　　　　　裁　判　官　×　×　×

【書式49】 仮処分決定（〈Case ④〉）

仮処分決定

当事者の表示　別紙当事者目録記載のとおり（略）

　上記当事者間の平成25年(ヨ)第○○号仮処分命令申立事件について、当裁判所は、債権者の申立てを相当と認め、債権者の債務者に対する別紙物件目録

（略）記載の建物の収去及びその敷地の明渡しの請求権を保全するため、債権者に金20万円の担保を立てさせて、次のとおり決定する。

主　　　文

　債務者は、上記建物について、譲渡並びに質権、抵当権及び賃借権の設定その他一切の処分をしてはならない。

　　　　平成○○年○月○日
　　　　　○○地方裁判所
　　　　　　　　裁　判　官　×××

V　保全執行

1　保全執行

若先生「先生、処分禁止の仮処分ですが、不動産全部事項証明書（不動産登記簿謄本）をとってみたら無事に仮処分の登記が入ってました。次は、占有移転禁止の仮処分の保全執行なのですが、これも裁判所がやってくれるのですか？」

弁護士「いいえ。裁判所は何もしてくれませんよ。私たち債権者のほうで、執行官に保全執行の申立てをして、執行を行う必要があります」

若先生「処分禁止の仮処分とか不動産仮差押えは書記官が嘱託で登記してくれますよね。債権仮差押えも執行官が第三債務者に決定正本の送達をしてくれました。保全執行の申立てとか特にしていないのですが……」

弁護士「それらは、保全命令裁判所と保全執行機関である保全執行裁判所が同一だからです。

　理論的には、保全命令を出す裁判所とその命令を執行する機関は、全く別です。ただ、不動産仮差押えや処分禁止の仮処分の場

[書式50] 不動産全部事項証明書（《Case ④》）

○○市○区○町☆☆☆番　　　　　　　　　　　　　　　　　　　　　全部事項証明書　　　　　　　　　（建物）

表　題　部 (主である建物の表示)	調製	平成10年4月1日	不動産番号	0 1 2 3 4 5 6 7 8 9 X X X
所在図番号	余　白			
所　在	○○市○区○町☆☆☆番地			
家屋番号	☆☆☆番			
① 種　類	② 構　造	③ 床　面　積　㎡	原因及びその日付〔登記の日付〕	
居　宅	木造スレート葺2階建	1階　128　06 2階　　13　22	昭和52年4月1日新築	
余　白	余　白	余　白	昭和63年法務省令第37号附則第2条第2項の規定により移記 平成10年4月1日	

権　利　部（甲区）（所有権に関する事項）

順位番号	登　記　の　目　的	受付年月日・受付番号	権　利　者　そ　の　他　の　事　項
1	所有権保存	昭和52年4月1日 第××××号	所有者　○○市○区○丁目○番○号 　　　　B 順位1番の登記を移記
2	所有権移転	昭和60年9月4日 第××××号	原因　昭和60年8月4日相続 所有者　○○市○区□町○丁目○番○号 　　　　Y
3	処分禁止仮処分（建物収去請求権保全）	平成25年○月○日 第××××号	原因　平成25年○月○日　○○地方裁判所仮処分命令 債権者　○○市○区○町○○○番地 　　　　X

これは登記記録に記録されている事項の全部を証明した書面である。
平成25年○月○日
○○法務局○○出張所
　　　　　　　　　　　　　　　　　　　　　　　　登記官　　○　○　○　○　　印
＊下線のあるものは抹消事項であることを示す。
　　　　　　　　　　　　　　　　　　　　　整理番号　A○○○○○　（1/1）　1/1

合の保全執行方法は登記（民保47条1項、55条1項）、債権仮差押えの場合の保全執行方法は第三債務者への送達（同法50条1項）になりますが、その保全執行裁判所（同法2条）は、保全命令を出した裁判所であるため（同法47条2項、55条2項、50条2項）、保全命令の申立てとともに、発令を停止条件とする保全執行の申立てが内包されていると考えるわけです。

簡単にいえば、命令を出す裁判所（例として東京地裁民事9部）と執行を行う裁判所（東京地裁民事9部）が同じなんだから、保全命令が発令されれば、債権者が『止めて』とでも言わない限り、最後まで手続を進めるのが普通だろう、ということです」

若先生「理屈では保全命令裁判所と保全執行裁判所は違うけれど、現実的には同じ裁判所ということですね」

〔図17〕 **保全命令裁判所と保全執行裁判所**

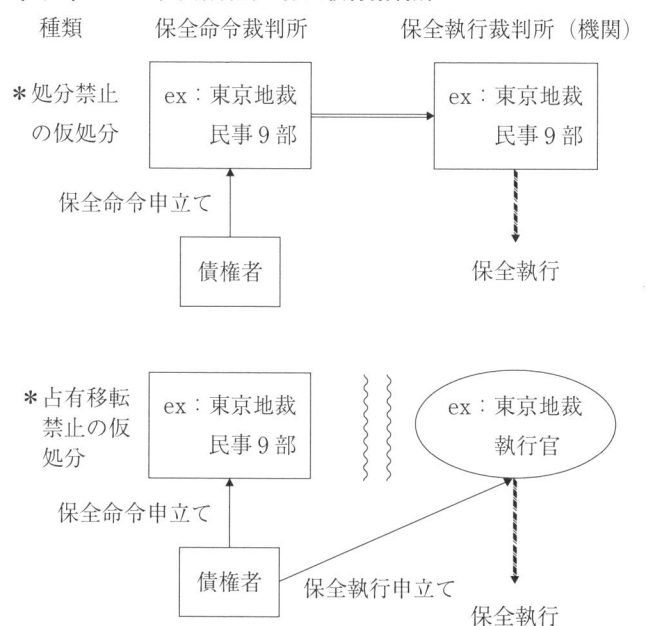

種類　　　保全命令裁判所　　　　保全執行裁判所（機関）

＊処分禁止の仮処分　　ex：東京地裁民事9部　→　ex：東京地裁民事9部

　　　　保全命令申立て

　　　　債権者　　　　　　　　　　　　保全執行

＊占有移転禁止の仮処分　　ex：東京地裁民事9部　　　ex：東京地裁執行官

　　　　保全命令申立て

　　　　債権者　　保全執行申立て　　　保全執行

弁護士「ところが、動産仮差押え（民保49条1項）や占有移転禁止仮処分（同法52条1項、民執168条）の場合、執行官が保全執行機関となります。現実的にも保全命令裁判所と保全執行機関が別ですので、別途保全執行の申立てが必要です」

若先生「その場合、保全執行の申立ては、執行官に対して行うのですね」

弁護士「そのとおりです。そして、これは大変大事な点ですが、債権者に保全命令の決定正本が送達されてから2週間以内に保全執行を行う必要があります。この期間を経過すると、もう執行できません（民保43条2項）。

　　　つまり、せっかくとった保全命令は無駄になります」

若先生「2週間内に執行を終わらせる必要があるのですか？」

弁護士「完了させるまでの必要はなく、執行に着手していればOKです。占有移転禁止の仮処分の場合は、2週間以内に執行官が占有を解くための強制執行に着手すれば大丈夫です。

　　　また、債務者への決定正本の送達前でも保全執行に着手できます。密行性の表れですね。実務では、保全命令の発令から債務者への送達までは1週間程度の間を空けて実施しているようです。何であれ、保全命令が発令されたら直ちに保全執行の申立てを行うべきです」

若先生「執行申立書をつくって、必要書類を添えて、執行官室に申立てすればよいですか？」

弁護士「それで基本的にOKです。プラスして執行予納金を納付します。そのうえで、執行官と日程、解錠技術者（鍵屋）、執行補助者（いわゆる執行屋）の手配等の打合せを行います」

若先生「結構面倒ですね」

弁護士「ええ、でも実務的な話をすると、執行補助者、いわゆる執行屋さんですが、この人に頼めば全部準備してくれて、代理人弁護士としては、執行当日に現地に行けばよいだけという感じです。うち

の事務所では、執行屋の乙さんにいつもお願いしているので、乙さんに依頼しておいてください。ただ、勉強のために、執行申立てだけは若先生がやってみてください」

若先生「わかりました。執行屋さんは必須のものなのですか？」

弁護士「もちろん義務づけられているものではないですけれど、いないと執行官があまりいい顔しませんね。執行官のほうで付けることもあります。断行執行の場合、これはもう不可欠だと思います。要は荷物の搬出と保管を行うのですが、目的外動産の目録をつくりつつ迅速に作業を行うには、相当ノウハウや慣れが必要ですから単なる引越屋では難しいですよ」

若先生「もう1点、費用についてなんですが、執行屋さんに頼むとどれくらい料金がかかります？」

弁護士「単なる占有移転禁止仮処分債務者保管型の執行や、本執行でも1回目の執行（催告執行）であれば、大体5万円程度です。断行ですと、物件の広狭や目的外動産の点数等で変わってきますが、作業員の日当×人数が基本ですので、最低でも数十万円のレベルになります」

若先生「わかりました」

2　保全執行申立て

　若先生は、早速、乙さんに連絡をとり、事件の概要と執行を行う旨を告げた。

　乙さんからは、「執行申立てが終わったら FAX をください。執行官と日程等打合せして、後でご連絡します」と回答があった。

　若先生は、執行申立書【書式51】を起案し、○○地方裁判所（発令裁判所と同じ）執行官室に執行申立てを行った。

　なお、占有移転禁止の仮処分の申立ては、債務者 Y と債務者有限会社 Y に対するものを併合し、1通の申立書で行ったが、執行申立ては、各当事者

ごとに申立てを行う。

【書式51】 執行申立書（〈*Case* ④〉）

強　　　制 仮差押・⑭仮処分	執　行　申　立　書	受付印

| ○○地方裁判所　執行官　御中
平成25年○○月○○日 | 予納金 | 担当

区 |

住　所　　　○○市○○区○○町○○○番地
債　権　者　　　　　　　　　X

住　所　　　東京都○区○町○丁目○番○号
　　　　　　　　○○　法律事務所　　（送達場所）
　　　　　　　電話　03-0000-0000　　FAX　03-0000-0000
債権者代理人　　　　　　　弁護士　甲
　　　　　　　　　　　　　弁護士　若

住　所　　　○○市○○区○町○丁目○番○号
フ　リ　ガ　ナ　　　　　　ワイ
債　務　者　　　　　　　　Y

目的物の所在場所（執行の場所）　所在地の略図は別紙のとおり

（執行の場所）

　　　○○市○区○町☆☆☆番地

　　連絡先　　電話　03-XXXX-XXXX　　　　　　（担当者　　若　　）

執行の目的及び執行の方法
イ．動産執行（家財・商品類・機械・貴金属・その他） ロ．建物明渡・土地明渡・建物退去・代替執行（建物収去等）・不動産引渡 　　動産引渡・船舶国籍証書等取上・自動車引渡 ハ．動産仮差押（家財・商品類・機械・貴金属・その他） 　㊛仮処分㊚（動産・㊛不動産㊚・その他） 　特別法に基づく保全処分

請求金額　　金　　　　　　　　　　　　円（内訳は別紙のとおり）
目的物件　　　　　　　　　別紙物件目録のとおり（略）
債務名義の表示 　1．○○地方裁判所　　　　　　　　平成　25　年 ㊛ 第　○○　号 　　　　判決・仮執行宣言付支払督促　　　　　　調書 　　　　仮差押命令・㊛仮処分命令㊚ 　2．東京地方裁判所　　　　　　　　平成　　年（　）第　　号 　　　　建物収去命令・代替執行費用支払命令 　3．　　　　法務局所属公証人　　　　　　　作成 　　　　年（　）第　　　　号執行証書

添　付　書　類	
1．債務名義正本　　　　1通	1．執行調書謄本を関係人に交付されたい。
2．同送達証明書　　　　 通	
3．同確定証明書　　　　 通	2．事件終了後、債務名義正本・送達証明
4．資格証明書　　　　　 通	書を返還下さい（但し、全額弁済を除く）。
5．委任状　　　　　　　1通	印
6．収去命令正本　　　　 通	関連事件の表示
7．同送達証明書　　　　 通	年（執　　　）
8．同確定証明書　　　　 通	第　　　　　　号
9．建物登記事項証明書　 通	執行の立会　　　　㊛有㊚・無
10．債務者調査票　　　　 通	

〈表12〉 予納金額標準法

予納金額標準表（予納は現金納付が原則です。）

	区　分	基本額	請求金額	加　算　額
動産（執イ）	差押事件	35,000円	1,000万円以下	債権者1名（分割債権）、執行場所1ヵ所増す毎に基本額を加算
		45,000円	1,000万円超過	
	動産競売事件	30,000円		
明（引）渡し等（執ロ）	不動産明渡等事件（建物収去・退去を含む。）	65,000円		債務者1名、物件1個増す毎に25,000円加算
	代替執行事件（建物収去を除く。）	30,000円		債務者1名、物件1個増す毎に15,000円加算
	動産引渡事件	25,000円		債務者1名増す毎に15,000円加算
	動産引渡事件（自動車）	25,000円		物件1個増す毎に15,000円加算
	動産受領事件	30,000円		執行場所1ヵ所増す毎に15,000円加算
	売却及び買受人の為の保全処分	65,000円		債務者1名、物件1個増す毎に25,000円加算
	売却及び買受人の為の保全処分（公示のみ）	30,000円		債務者の人数にかかわらず30,000円　物件1個増す毎に10,000円加算
保全（執ハ）	仮差押事件	35,000円	1,000万円以下	債権者1名（分割債権）、執行場所1ヵ所増す毎に基本額を加算
		40,000円	1,000万円超過	
	仮処分事件	30,000円		債務者1名、物件1個増す毎に15,000円加算
	不特定債務者のみの仮処分事件	60,000円		物件1個増す毎に15,000円加算
	特定債務者1名及び不特定債務者の仮処分事件	60,000円		特定債務者1名、物件1個増す毎に15,000円加算
その他	破産保全事件	30,000円		

(注意)　上記は、執行官手数料規則に基づく費用についての予納金であり、明渡し等事件の作業員日当、遺留品運搬費用、倉庫保管費用等は含まれていません。また、執行官援助など各事件毎の処理の都合で、予納金が不足する場合がありますので、当執行官室から連絡があった場合には、すみやかに追納をお願いします。

（東京弁護士会ほか編『平成25年度版弁護士便覧』72頁の表を参考に作成）
（平成25年7月現在）

3　占有移転禁止仮処分の執行実施

執行申立て後、執行事件として正式に事件番号（「執ハ」号事件となる）が付与された。

前後して乙さんから連絡があり、執行日時が平成25年○月○日午前10時に決定した。

若先生「先生、執行日時が決まりました」

弁護士「わかりました。若先生も初めてで1人では心細いでしょうから、私も行きましょう。

　　　　待合せ場所は現地ですね。物件の真ん前で待ち合わせると目立つので、ちょっと離れたところにしましょう。当日は、執行官も来るので、礼儀として、くれぐれも遅刻しないように。10分前には集まりましょう」

若先生「わかりました。当日ですが、私たち代理人は何をすればいいのでしょう？」

弁護士「執行を実行するためには、債権者または代理人の出頭が不可欠ですから（民保52条1項、民執168条3項）、出頭すること自体に意味があります。

　　　　もっとも現実的に何かやることがあるかというと、あまりないのですが、占有の認定が微妙で執行官が判断に迷っているようなときは、事実関係の説明や法的見解を述べて執行官をアシストするという大事な任務があります」

若先生「とりあえず見守っていればいいですかね？」

弁護士「基本的に執行官がリードして進めてくれますし、事務的作業等は、執行屋さんがやってくれますので、邪魔にならないよう見守っていれば大丈夫です」

若先生「少し気分が楽になりました。用意しておくべきものはありますか？」

弁護士「最低限、バッチ（身分証明書）と執行調書に押印する必要がありますから、職印は必要です。その他、私の経験からすると、以下のような物を持って行くと重宝します。
　　・バインダーと首から提げるタイプの筆記用具（立ったままの作業が主となるため）
　　・カメラ・メジャー（証拠保全のため）
　　・懐中電灯（電気が止められているケースもあるため）
　　・レインコート（気候と執行場所による）
　　・運動靴（執行場所による）
　　・ゼンリン等の住居地図」

若先生「わかりました。当日持って行きます」

執行当日、甲弁護士と若先生は、着手予定時刻の15分前に予定していた待合せ場所に赴いた。待合せ場所には、スーツを着た男性と作業服姿で道具箱を持った男性が佇んでいた。甲弁護士がスーツを着た男性に声をかけた。

弁護士「乙さん、ご苦労様です。例の件以来ですね。こちらは新人の若弁護士です。今後ともよろしくお願いします」

若先生「よろしくお願いします」

乙　氏「初めまして、よろしくお願いします。横にいるのは、鍵屋（解錠技術者）のKです」

弁護士「相変わらず早いですね」

乙　氏「1時間ほど前に来まして（笑）、ざっと物件の状況をみて、収去執行した場合の執行費用の見積もりを算段していました」

弁護士「現場はどうですか？　前に私たちがみに行ったときは人の気配が

なかったのですが？」

乙　氏「外からみた感じでは、今日もいませんね」

弁護士「そうですか。ああ、ちょうど執行官が来たみたいですよ」

執行官「ご苦労様です。債権者代理人の甲先生と若先生ですね。全員揃っていますね」

乙　氏「先生（執行官）、物件ですが誰もいないようです」

執行官「それでは、ちょっと早いですが始めますか」

　全員で対象物件の前まで赴き、前回は入らなかった敷地内に立ち入った。近くでよくみると、建物以外の敷地部分に資材なのかゴミなのか判然としない錆びた鉄筋やパイプ、ドラム缶が結構散乱していた。乙さんがドラム缶を軽く叩いて内容物が入っているかどうかを確認する。カラのようであった。

乙　氏「カラでした。入っていると保管が面倒ですからよかったです」

執行官「結構荷物あるから、本執行は大変そうですね」

　建物の前まで来た。

　相当に老朽化し、若干傾いているようにもみえる。建物は、外階段から2階に上がるようになっており、構造上、1階と2階は分離されている。

　2階から着手することになり、執行官が先頭に立って階段を上がる。階段を上がった先には入口のドアがあり、その横にボロボロの郵便受けがある。執行官が郵便受けの名札と郵便物を確認する。

執行官「郵便受けの名札には何も書いていないですが、Yと有限会社Y宛ての郵便物が入っていますね。一応、中も見ます。
　　　　（ドアをノックする）Yさん！　Yさん！　いらっしゃいますか？○○地方裁判所の執行官です。いましたら開けてください」

　何の返答もないが、執行官は同じことを繰り返す。

執行官「Yさん。いませんか？　ドアを開けて中に入りますよ」

　執行官がドアノブを回すと鍵がかかっていた。

執行官「Yさん。鍵がかかっているので、技術者に開けさせて入りますよ。

（階段の下に向かって）鍵屋さんいる？　お願いします」
　執行官と入れ替わりに、先ほどのＫさんが階段を上がってドアの前に立つ。ドアノブを回し、鍵穴を見て、特殊な工具を差し込み捻るとすぐに鍵が解錠された。中は無人であった。
　執行官が再び階段を上がって、２階の室内に入る。「私たちもいいですか？」と言って、甲弁護士と若先生も室内に入る。
　２階は、畳張りの８畳一間ほどの居室で、雨戸のない窓が２カ所にあるため明るい。中は、紙くず、古新聞や古着が散乱しているほかは、特に家具らしいものはない。やはり建物が傾いているのか、床に傾斜がある。あまり人が入ると、倒壊しかねない気がしたので、甲弁護士と若先生は、早々に階下に降りた。やがて、執行官と乙さんも下りてきた。
　乙　氏「Ｙさん宛ての電気料金の請求書をみつけましたよ」
　執行官「Ｙの占有はあるみたいですね。１階もみてみましょう」
　階段の横に１階の入口らしき両開きの引き戸があった。執行官は、先ほどと同様に在室の有無を確認し、返事がないことを確認すると引き戸を開けて１階室内に入った。続いて甲弁護士らも１階に入室したが、電気がついておらず、真っ暗であった。すかさず乙さんが懐中電灯をつけ、電灯のスイッチを入れてみるが、電気が止められているのか点灯しなかった。懐中電灯の明かりを頼りに室内を見回すと、機器類や資材が乱雑に積み重ねられ、ゴミ置き場のような状態であった。
　執行官「ゴミ置き場として使っていたみたいですね。特に高価品はなし。代理人の先生、ここはどういうふうに使われていたの？」
　若先生「Ｙさんが経営する有限会社Ｙが事務所と作業所として使っていたと聞いています。現在事項全部証明書（商業登記薄謄本）上の本店もここになっています」
　乙　氏「ここに古い段ボール箱があるのですが、荷札が『有限会社Ｙ』宛てになってます」
　執行官「いいでしょう。有限会社Ｙの占有ありということで。では公示

書貼りますか」

乙さんが手回しよく、ラミネート加工された公示書とガムテープを取り出す。

執行官「個人の方の名前をあまり表だって出すのもなんですから、Yに対する公示書は、この1階の室内に貼りましょう」

乙　氏「ここ無人ですから、室内であれば目立つところに貼ったほうがいいかもしれませんね」

執行官「そうですね、じゃあ、見やすいここ（1階西側）に貼りましょう。有限会社Yに対する公示書は、ドアの外の外壁に貼っておきましょう」

乙さんは、指示された場所に公示書を手際よく貼り、貼付された公示書の写真を撮影する。若先生もあわせて貼付された公示書の写真を撮った。

執行官「これで執行は終了とします。債権者代理人、立会人の方と解錠技術者の方は、執行調書添付用の用紙に署名と押印をお願いします」

若先生が代表して債権者代理人として署名押印し、執行手続を終えて解散した。

若先生「先生、まあ無事終了しましたね」

弁護士「ご苦労様。とりあえず前回から異常がなくてよかったです。占有者の認定も想定どおりできましたから、仮処分命令申立書の被保全権利で記載した内容で本案訴訟も提起すればいいです」

若先生「この後はどうなります？」

弁護士「しばらくすれば、執行官から執行調書が送られてきます。乙さんは、収去執行する場合の見積もりをつくってくれたみたいですから、それも送られて来るでしょう。
　　　　執行調書が届いたら、本訴提起してください」

若先生「わかりました。先生、1つ質問ですが、公示書がはがされたりしたらどうするのですか？」

弁護士「はがした人物に対しては、当然、封印破棄罪（刑法96条）等の告発をすることになりますね。

　　　物件に対しては、もう一度公示する必要がありますが、再度保全命令の発令を受ける必要も保全執行の申立てを行う必要もなく、執行官に対し、点検執行（執行官法8条1項9号）を行ってほしい旨の上申をして点検執行として再度公示してもらうことになります」

若先生「わかりました」

【書式52】　仮処分調書（〈*Case* ④〉）

平成25年（執ハ）第〇〇号、××号

仮　処　分　調　書

執行に着手した日時	平成25年〇月〇日	午 前 後	9時　50分
執行を終了した日時		午 前 後	10時　20分
執　行　の　場　所	〇〇市〇区〇町☆☆☆番地		
執　行　の　目　的　物	別紙目録記載のとおり（略）		
執行に立ち会った者	債権者代理人　　　　　甲 　同　　　　　　　　　若 　立会証人　　　　　　乙		

執　行　の　内　容

1　目的物の現況、占有状態等は別紙調査表のとおり。
2　目的物に対する、債務者　ら　の占有を解いて執行官の保管とした。
　債務者　ら　に使用を許可した。
3　本調書に添付の公示書写しと同文の公示書を目的物の　1階西側壁面（債

務者)、1階ドアーの外側（債務者会社）に貼付した。
4 債務者 ら に対し、仮処分物件の処分、仮処分の公示書の損壊等の行為をした場合、法律上の制裁があることを下記の方法により告知した。

記

イ 口頭
ロ 公示書に併記
ⓗ 公示書に併記、かつ本調書を送付

5 特記事項
　立会証人を立ち会わせた上、1階工場の入口ドアー（無施錠）及び2階入口ドアー（施錠）より建物内に立ち入った。

補足事項等	
施錠の要否 ■ 債務者方は施錠されていたので、証人を立ち会わせ技術者に解錠させた。 ■ 債務者方は不在が予測されたので、解錠技術者及び証人を同行した。	
当事者の表示等	別紙のとおり（略）
執行に立ち会った者等の証明押印	債権者　代理人　　若　　　印 立会人　住　所 　　　　氏　名　　　　　　　印 技術者　住　所 　　　　氏　名　　　　　　　印
平成25年〇月〇日 　〇〇地方裁判所 　　　執　行　官　〇〇〇〇　　印	（署名等Ⅱ）

物件番号	債務者	調査の結果		
		物件の状況	占有範囲	占有者
	Y	別紙目録記載のとおり	■ 全部 □	債務者
	有限会社Y	〃	〃	〃

(参考事項)

　下記事項により、上記のとおり認定した。

　　□ 債権者の陳述
　　■ 債権者代理人の陳述
　　□ 債務者の陳述
　　□ 表札
　　■ 目的物件内に存する債務者宛の公共料金等請求書等
　　■ 目的物件内に存する債務者宛の郵便物
　　■ 目的物件内の状況

(注)　チェック項目中の参考事項は、「■」の箇所の記載のとおり

平成25年（執ハ）○○号

公　示　書

　事　件　番　号　　　平成25年(ヨ)第○○号
　債　　権　　者　　　　　X
　債　　務　　者　　　　　Y

標記の事件について、〇〇地方裁判所がした仮処分決定に基づき、次のとおり公示する。

1．債務者は、下記不動産の占有を他人に移転し、又は、占有名義を変更することは禁止されている。
2．当職は、平成25年〇月〇日下記不動産に対する債務者の占有を解いて、これを保管中である。
　　ただし、債務者に限り、使用を許した。

（注意）下記不動産を処分したり、公示書の損壊等をした者は、刑罰に処せられる。

　　平成25年〇月〇日
　　　〇〇地方裁判所
　　　　　　執　行　官　〇　〇　〇　〇　　印

記

（不動産の表示）　別紙物件目録記載のとおり（略）

平成25年（執ハ）××号

公　示　書

事　件　番　号　　平成25年㋵第〇〇号
債　権　者　　　　X
債　務　者　　　　有限会社Y

標記の事件について、〇〇地方裁判所がした仮処分決定に基づき、次のとおり公示する。

1．債務者は、下記不動産の占有を他人に移転し、又は、占有名義を変更することは禁止されている。

2．当職は、平成25年○月○日下記不動産に対する債務者の占有を解いて、これを保管中である。
 ただし、債務者に限り、使用を許した。

（注意）　下記不動産を処分したり、公示書の損壊等をした者は、刑罰に処せられる。

　　　平成25年○月○日
　　　　○○地方裁判所
　　　　　　　執　行　官　○　○　○　○　　印
　　　　　　　　　　　　記
（不動産の表示）　別紙物件目録記載のとおり（略）

これは謄本である。

平成25年○月○日

○○地方裁判所

執 行 官 ○ ○ ○ ○ 印

VI 債務名義取得および本執行

1 本案訴訟および判決

　保全執行の執行調書が債権者代理人宛てに送付され、若先生らは、Yと有限会社Yを被告とし、それぞれ、建物収去土地明渡請求訴訟および建物退去土地明渡請求訴訟を提起した。

　訴訟係属後、Yから、「事実関係に間違いない。明け渡さなければならないこともわかっているが体調を崩し、お金がない。建物を取り壊せという判決が出るならば仕方ない」という趣旨の答弁書が提出された。

　第1回口頭弁論期日にYは欠席し、答弁書を擬制陳述したうえで結審した。その後、原告の請求全部認容の判決が言い渡され、Yらからの控訴もなく判決は確定した。

【書式53】　判決（〈*Case* ④〉）

	裁判官認印

第 1 回 口 頭 弁 論 調 書 （判決）		
事 件 の 表 示		平成25年(ワ)第○○○号
期	日	平成25年○月○日　午前　10時00分

場所及び公開の有無	○○地方裁判所　民事部法廷で公開
裁　判　官 裁判所書記官	○○　○○ ○○　○○
出頭した当事者等	原告代理人　　　若

弁　論　の　要　領

原告
　　訴状陳述
被告ら
　　答弁書擬制陳述

裁判官
1　弁論終結
2　別紙の主文及び理由の要旨を告げて判決言渡し
　　　　　　　　裁判所書記官　　○○　○○

(別　紙)
第1　当事者の表示

　　　　　　　住　　　　所
　　　　　　　原　　　　告　　　　　X
　　　　　　　上記訴訟代理人弁護士　　　甲
　　　　　　　同　　　　　　　　　　　若

　　　　　　　住　　　　所
　　　　　　　被　　　　告　　　　　Y

　　　　　　　住　　　　所
　　　　　　　被　　　　告　　　有限会社Y
　　　　　　　上記代表者代表取締役　　　Y

第2　主　文
1　被告Yは、原告に対し、別紙物件目録記載2の建物を収去して、同目録記載1の土地を明け渡せ。
2　被告有限会社Yは、原告に対し、金〇〇万円及びこれに対する平成25年〇月〇日から支払済みまで年5分の割合による金員を支払え。
3　被告有限会社Yは、原告に対し、別紙物件目録記載2の建物を退去し、同目録記載1の土地を明け渡せ。
4　被告らは、原告に対し、連帯して、平成25年〇月〇日から別紙物件目録記載1の土地明渡済みまで1か月金4万円の割合による金員を支払え。
5　訴訟費用は被告らの負担とする。

第3　請求の表示
1　請求の趣旨
　　主文同旨
2　請求の原因
　　別紙請求の原因記載のとおり（略、占有移転禁止仮処分命令申立書、被保全権利の記載と同旨）

第4　理由の要旨
　請求原因事実は、当事者間に争いがない。

以　上

2　授権決定

若先生「先生、判決に執行文付与を受け、被告らへの送達証明書もとりました（第2章Ⅱ3（57頁）参照）。乙さんからは、本執行の執行費用と建物解体費用の見積もりももらいまして、金額についてXさんの了解をもらっています。後は、執行官室に収去執行と退去執行の申立てをして、乙さんに執行の連絡をしておけばOKですね」

弁護士「手際よくご苦労様。しかし、残念ながらもうワンステップ、手続

が必要です。

　退去執行、明渡執行は、その流れで OK なのですが、収去執行は、代替的作為義務（民法414条2項）の強制執行です。執行方法は代替執行となりますが、その場合、授権決定が必要になります（民執171条）。ですので、まず授権決定を求める申立てを裁判所に行い、授権決定を得たうえで、執行官に対し、収去明渡しの執行申立てを行うことになります。具体的には、執行申立書に執行力ある債務名義正本、送達証明書とともに授権決定を添付します」

若先生「面倒ですね」

弁護士「そうですね。でも、授権決定の申立てといっても、紙1枚ですし、執行債務者の審尋を行う必要がありますが実務では書面審尋で実施しますから、それほど手間がかかるものではないです」

若先生「では、直ちに授権決定の申立てを行います」

【書式54】　建物収去命令申立書（〈*Case* ④〉）

```
┌─────────┐
│ 収入印紙   │           建物収去命令申立書
│ ¥2,000円   │
└─────────┘
```

　　　　　　　　　　　　　　　　　　　　　　平成25年○月○日

○○地方裁判所　民事部　御中

　　　　　　　　　　　　債権者代理人弁護士　　　甲
　　　　　　　　　　　　同　　　　（担当）　　　若

　　　　　　　　　　当事者の表示　　別紙当事者目録（略）のとおり

申立の趣旨

　○○地方裁判所執行官は、別紙物件目録（略）記載の建物を債務者の費用をもって収去することができる。
との裁判を求める。

申立の理由

　債務者は、債権者に対し、下記事件の執行力ある債務名義の正本に基づき、別紙物件目録記載の建物を収去する義務を有するところ、債務者は同義務を履行しない。
　よって、申立ての趣旨記載の裁判を求める。

記

　　○○地方裁判所平成25年(ワ)第○○○号
　　建物収去土地明渡等請求事件の判決

添付資料

　　1　執行力ある判決正本　　　1通
　　2　送達証明書　　　　　　　1通
　　3　建物登記簿謄本　　　　　1通
　　4　委任状　　　　　　　　　1通
　　5　申立書副本　　　　　　　1通

以上

【書式55】　建物収去決定（〈*Case* ④〉）

平成25年(ワ)第○号　建物収去命令申立事件

決　　　　定

　　　　　　　　　　当　事　者　別紙当事者目録（略）のとおり

　上記当事者間の当庁平成25年(ワ)第○○○号建物収去土地明渡等請求事件の執行力ある判決の正本に基づく債権者からの本件申立てにつき、当裁判所は、こ

れを相当と認め、次のとおり決定する。

主　　　文

　債権者の申立てを受けた執行官は、別紙物件目録記載の建物を債務者の費用をもって収去することができる。

平成○○年○月○日
○○地方裁判所　民事部
裁判官　○○　○○

3　本執行（建物収去土地明渡しおよび建物退去土地明渡し）
⑴　催告執行

授権決定を得た後、
①　Yに対する土地明渡執行
②　Yに対する建物収去執行
③　有限会社Yに対する建物退去土地明渡執行

の3本の執行申立てを行い、執行日時が決まった。

　明渡しの強制執行の場合、原則として、まず、催告執行を行い（民執168条の2）、引渡期限を定め任意の履行を期待する。引渡期限までに任意の履行がない場合、断行執行（同法168条）を行うという二段構えの建付けとなっている。〈Case ④〉でもまず催告執行を行った。

　催告執行の現場における具体的な処理は、占有移転禁止の仮処分の保全執行とほぼ変わらない。占有者の認定を行い、「明渡しの催告」の公示を行う（民執168条3項）。〈Case ④〉では、保全執行時から現況に変動なく、Yと有限会社Yの占有が引き続き認められた。

　引渡期限を1カ月後とする公示書を掲示し、次回執行期日（断行執行）を決定したうえで現場での執行を終えた。現場での執行後、Yの居宅が近いことから、執行官は、Y方を訪問し、状況の説明と目的外動産の引取りを

要請したところ、Yは、目的外動産については、一切必要ないと回答し、その旨執行調書に記載したとのことであった。

(2) 断行執行

明渡しの催告で指定された引渡期限までに引渡しがされなかったため、予定どおり、断行執行が実施された（詳細は執行調書【書式56】のとおり）。

現場は、催告執行時から変動はなく、Yらの占有を認めて執行に着手した。

といっても、現実の作業は、建物内から残置物を搬出した後に、本件建物を取り壊し、廃材を搬出することになるので、代理人としては特段することもない。作業には全部で7日間程度かかるとのことであり、執行官から、代理人は毎日出頭する必要はなく、7日後、すなわち、執行完了時にその確認で立ち会ってもらえればよいとのことであったので、執行初日の作業を見届けて、後は執行官に委ねた。

執行最終日の7日後、再び現場に赴くと、きれいに建物が除却され、見事に本件土地は更地となっていた。

Xさんも仕上がりを見届け、満足そうであった。Y氏らに対しては、未払地代等の請求が残っているが、Y氏らの経済事情からして現実的な回収は難しく、X氏としては、事実上、放棄してもかまわないとのことであった。

(3) 後始末（建物滅失登記）

建物が取り壊し等により滅失した場合、建物所有者は1カ月以内に滅失の登記申請を行わなければならない（不動産登記法57条）。土地所有者に直接の利害関係はないが、土地上に実在しない建物登記が存続することは好ましいことではないため、利害関係人として土地所有者であるX氏が建物滅失登記申請を行い、滅失登記も完了した。

【書式56】 強制執行調書（〈Case ④〉）

平成25年（執ロ）第○○〜××号

強 制 執 行 調 書

執行に着手した日時	平成25年○月×日	午 ㊗前 後	9時 00分
執行を終了した日時	平成25年○月△日	午 前 ㊗後	3時 00分
執 行 の 場 所	○○市○区○町☆☆☆番地		
執 行 の 目 的 物	別紙目録記載のとおり（略）		
執行に立ち会った者	債権者代理人　　　　甲 債権者代理人　　　　若 立 会 証 人　　　　乙		

執 行 の 内 容

1　執行の目的

　　　　　　　　　　　　　　建物退去
　別紙目録記載の物件　　　に対する建物収去　執行
　　　　　　　　　　　　　　土地明渡

2　執行の内容

(1) 目的物件の占有状況等は、平成25年○月○日の本件執行調書の記載と同一である。

(2) 目的物件内に存在する目的外動産を搬出除去し、債務者有限会社Yを目的建物から退去させ、同社の占有を解いて、目的建物を収去して、目的土地を債権者に現実に引き渡した。

(3) 搬出除去した目的外動産及び収去財は、社会通念上、換価性なきものと認められたので、債権者に処分を託した。

補　足　事　項　等

執行官の立ち会った執行日時

平成25・○・×日	午前9：00〜　午後4：30分	除く昼休み1時間
平成25・○・○日	午前9：00〜　午後4：30分	同上
平成25・○・○日	午後2：00〜　午後5：00分	同上
平成25・○・○日	午前9：00〜　午後4：40分	同上
平成25・○・○日	午後2：30〜　午後3：00分	同上
平成25・○・△日	午前11：00〜　午後3：00分	同上

解　錠　の　要　否

☐　債務者方は施錠されていたので、証人を立ち会わせ技術者に解錠させた。
☐　債務者方は不在が予測されたので、解錠技術者及び証人を同行した。

当事者の表示等　　別紙のとおり

執行に立ち会った者等の署名押印	債権者代理人　弁護士　　若　　　　印

平成25年○月△日
　　○○地方裁判所
　　　　　　執　行　官　○○　○○　　印

（署名等II）

第5章 仮の地位を定める仮処分（断行仮処分・満足的仮処分）

I 事案の概要

―〈Case ⑤〉―
　環境測定を業とするX株式会社から若先生に対し、緊急事態が生じたので至急相談したいとの連絡があった。

　〈Case ⑤〉におけるX株式会社代表者乙氏からの聴取りは、以下のとおりである。

乙　氏「当社は、大気の環境測定等を業としています。主な取引先は地方公共団体なのですが、平成25年1月15日に、A市から道路、公園等100カ所ほどの環境測定を受託しました。業務の内容は、これら対象箇所の大気中の微細粒子等の測定を行い、その結果を一定の報告書（成果物）にまとめ、発注者であるA市に提出することになります」

若先生「A市への納期はいつですか？」

乙　氏「5月31日です」

若先生「今日が5月8日ですから、あと3週間ほどですね」

乙　氏「それで緊急なわけです。私どもは、この仕事のうち、現場での測定作業自体をY社に再委託しました。このY社が5月2日に測定データを持ち出してしまったのです」

若先生「ちょっと順を追って聞きましょう。まずY社は、道路とか公園とかの測定現場で、専用機器を使って環境測定を行うのですね？」

乙　氏「そうです」

若先生「その時の測定値は、すでにデータ化されているのですか？　それとも記録用紙か何かに書き込むのですか？」

乙　氏「記録用紙に手書きで書き込みます。私どもは、『原簿』と言っています」

若先生「その原簿をどうするのですか？」

乙　氏「1日の測定作業が終わると、Y社の社員は当社の事務所にその原簿を持ち寄ります。そのうえで、原簿のデータをパソコンに入力します。この入力したデータを私どもは、『原データ』と言っています。原データをベースに、A市所定のフォーマットで報告書を作成し、この報告書をA市に納品します。これで業務が完了となります」

若先生「原データへの入力は誰が行うのですか？」

乙　氏「仕事の便宜上、Y社の社員が当社事務所にパソコンを置いていますので、そのパソコンにY社社員がデータを入力します」

若先生「おおよその業務の流れはイメージできました。図にするとこんな感じですね（次頁図参照）。
　それで5月2日にY社社員がデータを持ち出してしまったというわけですね。それは、Y社社員個人が勝手に持って行ってしまったということですか？」

乙　氏「いえ、『Y社の指示だ』とその社員は言っていました。私どもは当然引き留めたのですが、その社員は『会社同士で話してくれ、自分は指示に従うしかない。パソコンはうちの会社の物だし、原簿も自分たちが測定したものだから持ち帰る』と言って制止を振り切ってしまいました」

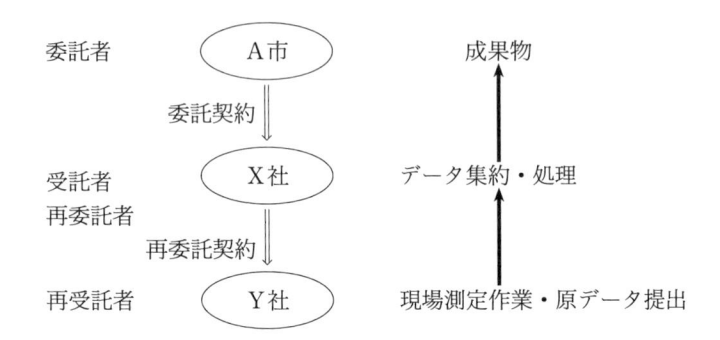

```
委託者        ┌A市┐        成果物
               │  │          ↑
         委託契約│  │
               │  ↓
受託者        ┌X社┐    データ集約・処理
再委託者       │  │          ↑
         再委託契約│
               │  ↓
再受託者      ┌Y社┐   現場測定作業・原データ提出
```

若先生「Y社がそのような行為に出た理由は何ですか？」

乙　氏「ええ、実は委託料金のトラブルにあります。委託料金はもちろんきちんと支払っています。しかし、追加費用の点でもめてます」

若先生「ありがちな話ですね。明確な取り決めがなかったのですか？」

乙　氏「いいえ。あります。経緯を話すと、委託料金について、当初、当社の提示額とY社の提示額に開きがありました。しかし、早く仕事に着手しないとA市との委託契約の納期に間に合わなくなるので、やむ得ずに当社はほぼY社の提示額を受け入れました。そのかわり、作業の結果、追加費用が発生してもそれは委託料金内で賄うという話だったのです」

若先生「なるほど。筋は通っていますね。その話ですが書面は残っていますか？」

乙　氏「Y社とは契約する際に注文書と注文受書のやりとりを行っただけで、きちんとした契約書はないのですが、Y社との委託料金交渉の際に、メールでその話はしております。そのメールは残っています」

若先生「社長としては、追加料金は一切支払わない意向ですか？」

乙　氏「合理的な金額であれば支払うことも致し方ないかとも思っていますが、Y社の請求が1桁大きくて、法外な金額です。現状では話になりません。そこで、『そんな請求には応じられない』とY

社社長に連絡したところ、『では、手をひく』と言われて、翌日には先ほど話したとおりデータを持ち出されてしまったのです。ゴールデンウィークの前日ですし、途方に暮れましたよ」

若先生「今聴いた話だけからすると、Y社の持ち出し行為は、犯罪行為に近いものを感じますが、警察をよんだりはしなかったのですか？」

乙　氏「していません」

若先生「これから被害届を出すというのはどうですか？」

乙　氏「正直言って私も無法にもほどがあると思うのですが、発注元がお役所ということもあり、警察沙汰にはしたくないのです」

若先生「その点はわかりました」

乙　氏「先生にお願いしたいのは、納期が５月31日と迫っていますので、至急、とにかく一刻も早く、データを取り返してもらいたいということです」

若先生「データとして原データは必要不可欠ですか？」

乙　氏「作業効率を考えますと当然必要です。不可欠か？　と言われますと、原簿があれば時間はかかりますが何とかなりますので、原データは不可欠とまでは言えません」

若先生「念のために聞きますが、原データのバックアップはないのですよね？」

乙　氏「……はい。申しわけないです」

若先生「いえ、社長が謝ることはないですから。いわずもがなで、紙ベースの原簿のコピーもないのですね？」

乙　氏「２～３枚だけあります」

若先生「わかりました。とにかく至急でやれることはやってみます。何とか原簿は取り戻したいと思いますが、原データは、難しいという前提でお考えください」

乙　氏「A市に事情を話せば、若干納期は延ばしてもらえると思います。

せめて原簿だけでも戻ればと思いますのでよろしくお願いします」

II
若先生のつぶやき（おおまかな方針決定）

〈*Case* ⑤〉の任務達成条件は、①5月31日までに②原データもしくは原簿を取り返す、ということ。そのための手段としてどうするか？ 最も簡便な方法は、相手方と交渉し、任意に返還してもらうことだが、現実性があるか？ 相手方の態度を聴く限り、簡単にデータ等を引き渡してくれるとは思えないし、追加費用の支払いを条件として求めてくるであろう。そうだとすると、交渉に時間がかかるうえ、妥結する見通しも乏しく、時間のロスにつながる。任意交渉はうまくいけば最も効果的ではあるが、成功の見通しが低く、かえって時間をロスするリスクがあり、適合性がない。

正攻法は、引渡しの請求訴訟提起であるが、残された日数はあと20日ほどしかないのに、第1回口頭弁論期日が開かれるのが早くても1カ月後。全く適合性がない。

迅速に権利を実現するという観点からは、データ等の仮の引渡しを求める「仮の地位を定める仮処分」（民保23条2項）に適合性がある。仮の地位を定める仮処分は、保全の必要性として、「債権者に生じる著しい損害又は急迫の危険を避けるため」という要件が最低限必要になるが、X社の管理下にある物を無断で持ち出され、その物がないと納期に間に合わず債務不履行の危険があるという事情は、まさに保全の必要があるという状況だろう。十分勝負になると思う。

仮処分で勝負してみよう。ただ、仮地位仮処分はやったことがないから正直、手続とか実務感覚がよくわからない。また迷惑をかけてしまうが、甲先生に相談してみよう。

III 甲弁護士への相談（理論構成および戦術）

1 仮地位仮処分の概要と特殊性

若先生「甲先生、個人で受任した事件で、仮地位仮処分の申立てを考えているものがあるのですが、ちょっとご相談してもよいですか？」

弁護士「いいですよ。ざっと事案を教えてください」

若先生「(事案の概要を説明)……ということなので、仮地位仮処分の申立てを検討しているのですが、実務がわからなくて……そもそも論として、申立てから発令までどれくらい時間がかかりますか？」

弁護士「一概にはいえないけれど、仮地位仮処分の場合、必要的審尋事件ですから（民保23条4項）、債務者を裁判所に呼び出して、審尋を経る必要があります。申立てから審尋期日まで、大体のところで1週間くらいです。審尋が1回で済めば、数日のうちに発令されることになるでしょう。審尋が続行されると日数は伸びますが、審尋期日は1週間程度の単位で入れますから、数カ月もかかるということは基本的にはないです。もっとも賃金仮払いの仮処分等ですと、審尋が本案化してしまって、結構日数を要する場合もあります」

若先生「そうすると、仮に本件で、明日（5月9日）申し立てたとすると、審尋期日が入るのが1週間後の5月16日前後、1回で審尋が終わり、担保の提供等を終えて発令されるのが5月20日前後、直ちに保全執行を申し立てすれば、31日までには執行に着手できて、断行執行で引渡しを受けることが可能ですね」

弁護士「かなり厳しいですけれど、無理な状況ではないです」

若先生「ぎりぎりだけれど何とかなりますか。とりあえずよかった」

弁護士「仮地位仮処分は必要的審尋事件ですよね。そうすると、審尋期日に和解が成立して解決することがままあります。和解で解決でき

れば、執行する手間がはぶけるので結果的に早くなりますね」

2　申立ての趣旨（決定主文）

若先生「申立ての趣旨をどうするかということについても、ちょっと疑問がありまして……クライアントの希望からすれば、原データ、つまりデジタルデータそのものが欲しいのですが、あくまで『情報』であって『有体物』ではないですから、直感的に引渡しは無理だろうと思って、それは求めないことにしました。データが入っているパソコンは、相手方の所有物ですので、さすがにその引渡しは無理だと思います」

弁護士「無形物ですから、『引渡し』を概念できませんね。直接強制の方法ではデータの取戻しは難しいでしょう。『データを記録媒体にコピーし、その記録媒体を引き渡せ』という主文が理論的には考えられます。これは不代替的作為義務を命じるものですから、執行方法としては間接強制（民執172条）の方法によることになり、履行しない場合は1日につきいくらという形で制裁金が加重されていきますから、それなりの効果が見込めます。しかし、間接強制の申立てを裁判所に行わなければならないし、審理としてまた債務者の審尋を行いますから、結構時間のかかる手続です。本件では時間的制約がありますから、途中で時間切れになると思います。適合的ではないですね」

若先生「そうですね。すると、原簿（紙媒体）の引渡しを求めるという形が無難ですね」

弁護士「本当に欲しいものは紙に書かれている情報なんですよね。でも、紙自体は有体物であり動産ですから、理論的には引渡しの対象物になります。ちょっと気になるのは、対象物の特定性なのですが、特定できますか？」

若先生「原簿自体は、測定箇所1カ所につき1枚あるので、100枚くらい

になります。2～3枚だけコピーがあるのですが、特定するとしたら、100枚すべてについて測定箇所の所在地と測定日時等で特定する方法はあるかと思います。しかし、データを全部持って行かれているので、それすら復元できないようです。正直いって、特定性に難があると思います」

弁護士「可能な限り特定するしかないですね。発令はされるかもしれませんが、執行時に、執行対象物が特定できないとして執行不能になるリスクがあることは頭の中に入れておきましょう」

3　理論構成

弁護士「原簿（紙媒体）の引渡しを求めるとして、その根拠、すなわち被保全権利はどう考えますか？　所有権に基づく返還請求ですか？」

若先生「ええ、それしか思いつかないのですが」

弁護士「この原簿の所有権は、Ｘ社にあるのでしょうか？　確かに事案を聴くと、Ｘ社が占有していたことは間違いないので占有権はあるのでしょうが、所有権はどうなのでしょう？……所有権取得原因事実は何になるのですか？」

若先生「Ｘ―Ｙ間の再委託契約に基づく引渡しと考えているのですが」

弁護士「もう少し詰めて理論構成しておいたほうがいいかもしれませんよ。仮にですが、Ｘ社―Ｙ社間の契約において、Ｙ社が受託した業務の内容が原簿という一定の成果物を作成し、それを引き渡すという内容であれば、それは『請負契約』ということになるでしょうから、後は代金支払いの有無で成果物たる原簿の所有権の帰属が決まると思います。しかし、本件再委託契約を『請負契約』とみることはどうなのでしょうか？　Ｙ社がなすべき業務の本質は、環境測定という作業であって、最終的にはその結果をパソコンに入力することですよね。そうすると原簿というのはＹの作業過程のメモともいえるわけで、原簿という成果物を作成することを

目的とするというのは実態にそぐわないと思います」
若先生「なるほど。原簿がY社の作業メモにすぎないとすると、X社にその所有権があるとはいいづらいですね」
弁護士「他人が口出しして申しわけないのですが、本件再委託契約は、環境測定という事実行為を委託する『準委任契約』というのがしっくりくる気がします」
若先生「そうですね。そうすると、本件での業務の流れとして、1日の作業が終わると原簿をX社の事務所に提出することになっていましたから、原簿提出は、受任者による報告義務の履行（民法656条、645条）という理屈が立ちそうです。報告として原簿をX社に引き渡した以上、その原簿の所有権はX社に帰属する。こんな形ですかね」
弁護士「より理屈をいえば、原簿に記載された『情報』が報告の内容であり、X社は、『情報』の所有権を有する。その情報と情報媒体である紙は一体化して不可分であるから、紙（原簿）の所有権も帰属する。そういうことですかね」
若先生「今思いついたのですが、そうすると、債権的権利として、つまり、報告義務の履行として、『原簿を引き渡せ』という立論もあり得ますね」
弁護士「その場合、求めるべき報告は、測定値という『情報』ですから、『原簿のコピーを引き渡せ』も理論上は可能ですね。執行官は難儀するでしょうけれど」
若先生「参考になりました。ありがとうございます」

4　戦　術

弁護士「今までいろいろ話してきましたが、本件は結局のところ『情報』というあやふやなものの引渡しを求める事案なんだと思います。それだけに発令されても執行が奏功するかどうか、結構リスクを

抱えていますよ。しかも時間が切迫している。老婆心ですが、戦術としては、審尋の場にY社に来てもらい、その場で和解し、任意に返還を受けることがベストシナリオだと思います」
若先生「ええ、わかりました。もっとも和解できるかどうかは、相手方のあることですから、どう転ぶかわかりません。和解できないことを前提に、仮処分決定がもらえるようにしっかり起案し、和戦両用でのぞみます」
弁護士「発令される場合ですが、仮地位仮処分の場合、一般的に担保の金額が高額になります。クライアントには、発令内示が出たら直ちに供託できるよう、相応の資金手当てをしてもらっておいたほうがいいです」
若先生「わかりました」
弁護士「蛇足ですが、この件の管轄は東京ですか？」
若先生「いえ、○○県になります」
弁護士「そうすると、担保を提供するのは○○地方法務局になりますね（民保4条1項）。審尋の後、また○○地方法務局まで行って供託する必要があります。先生も忙しいし、本件では時間がないでしょうから、管外供託の許可申請（同法14条2項）もあわせて行って、東京法務局で供託できるようにしておいたほうがいいですよ」
若先生「ありがとうございます。そうします」

IV 申立書起案

　甲弁護士のアドバイスを参考に理論構成し、必要な疎明資料をリストアップのうえ、X社の乙社長に大至急FAXしてもらうように依頼したうえで起案にとりかかった。5月9日の午前4時にとりあえず起案を完成させた。

【書式57】 地位保全等仮処分命令申立書（《Case ⑤》）

地位保全等仮処分命令申立書

平成25年5月○日

○○地方裁判所　民事部　御中

　　　　　　　　　　　　　債権者代理人弁護士　　　　若
　　　　　　　当事者の表示　別紙目録記載（略）のとおり
　　　　　　　保全すべき権利　所有権に基づく返還請求権または準委任
　　　　　　　　　　　　　　契約に基づく委託業務報告請求権

申立の趣旨

1　債務者が債権者に対し、債権者と債務者間の平成25年2月15日付A市第2次大気環境調査作業業務委託契約に基づき、債務者が平成25年5月2日、債権者の事務所（○○県○○市○町○丁目○番○号）から持ち出した同契約の測定対象箇所に関する大気環境測定原簿又はその複製の引渡しを受けるべき地位にあることを仮に定める。
2　債務者は、債権者に対し、債務者が平成25年5月2日、債権者の事務所（○○県○○市○町○丁目○番○号）から持ち出した債権者と債務者間の平成25年2月15日付A市第2次大気環境調査作業業務委託契約の測定対象箇所に関する大気環境測定原簿又はその複製を仮に引き渡せ。
との裁判を求める。

申立の理由

第1　被保全権利
1　当事者
　①　債権者は、環境に関わる調査・解析を主な業務とする株式会社であり、A市からA市の第2次大気環境測定業務（以下「A市環境測定業務」という。）の業務委託を受けた者である。
　②　債務者は、債権者よりA市環境測定業務の再委託を受けた者である。
2　概要

債権者がA市から業務委託を受けたA市環境測定業務につき、再委託を受けた債務者が、債権者の現場事務所から環境測定原簿（以下「原簿」という。）等の業務の根幹に関わる原データを無断で持ち出すという事態が発生した。債権者のA市に対するA市環境測定業務の納期は平成25年5月31日であるところ、持ち出された原データがなければ、債権者は、以後の業務ができず、債務不履行による損害を被る虞があるため、その原データ又はその複製の引き渡しを求める事案である。
3　業務委託契約
　①　債権者は、平成25年1月15日、A市から納期を同年5月31日とする約定で大気環境の測定業務の委託を受けた（甲1）。
　②　債権者は、同年2月15日、上記業務のうち、現場で環境測定作業を行う業務を債務者に再委託した（以下「本件業務」という。甲2、甲3）。
　③　本件業務の内容は下記のとおりである。
　　　i　委託料総額は、金○○○万円（甲2）。
　　　ii　対象箇所として、道路、公園等100カ所
　　　iii　測定作業に関し、追加費用が発生しても委託料金の範囲内とする（甲4）。
　　　iv　委託料金は、平成25年4月30日限り支払う。
　④　債権者は、同年4月30日、債務者に対し委託料金全額を支払った（甲5）。
4　原簿の持ち出し（甲1）
　平成25年5月2日の段階で本件業務の対象箇所の環境測定作業は終了し、債権者としては、原簿及び原簿に記載された数値をパソコンに入力した原データを基に、A市所定の報告書を作成し、提出するのみという状況となった。
　ところが同日14：30から17：00頃にかけて、債務者からの事前の通知が一切ない中で、債務者社員であるP氏は、「明日から、ここにはこれない。会社（債務者）からの指示である」と言って、環境測定原簿と環境測定原簿に記載された数値を入力しデータ化した債務者所有のパソコンを債権者の承諾なく債権者の事務所（○○県○○市○町○丁目○番○号）から実力で持ち出した。

同事務所にいた債権者社員のQ氏は、「パソコンはY社の物だとしても、データはうちのものであるから、せめてデータをコピーさせて欲しい」などと説得したが、P氏は、「Y社の承諾がなければコピーさせられない」などと言って、コピーすることを拒絶し、Q氏の強い説得にも関わらず、パソコン、そして原簿を持ち出していった。
　　翌日から債務者は、本件業務の履行を行っていない。また、債務者やP氏から、本件契約を解除する等の連絡は一切ない。
5　原簿の所有権及び債務者の報告義務
　①　本件業務は、大気中の環境測定という事実行為の事務の委任を行うものであり、準委任契約である（民法656条）。
　　　委任事務の処理としては、委任を受けた債務者が、委託の趣旨に従い、日々現場で環境測定し、原簿（サンプルとして、甲6）に所要の数値を記録した上で、債権者の事務所に持ち寄り、パソコンにデータ入力の上、A市所定の正式な報告書を作成し、債権者がA市に提出するものである（甲1）。
　　　原簿は、受任者たる債務者が、委任者たる債権者に対する委任契約の報告（民法645条）として提出したものであり、かつ、債権者の事務所で保管・占有されていたものである。その所有権は債権者に帰属するものであることは明らかであり、債務者の原簿の持ち出しは、何ら権原に基づかない占有侵奪行為である。仮に債務者に何らかの権原が認められたとしても、占有侵奪行為は許されざる自力救済で違法であることは論を待たない。
　②　また、本日現在、本件業務は解除されていない。
　　　本件業務の受任者たる債務者は、債権者に対して、その請求があった場合、いつでも委任事務の処理状況を報告する義務があり（民法645条）、債権者は、債務者に対し、委任事務の処理状況の報告として、原簿又はその複製の引き渡しを請求する権利がある。
6　被保全権利まとめ
　　よって、債権者は債務者に対し、所有権に基づく返還請求権として又は準委任契約に基づく委任事務の処理状況報告請求権として原簿又はその複製の引き渡しを求める権利を有する。
7　背景事情（甲1）

債務者が今回の事件に及んだ背景として、追加費用の問題があると思われる。

　　すなわち、債務者は、本件業務につき追加費用が発生したとして、債権者に対し、○○○万円もの請求を行った。本委託契約締結時に、委託料金を債務者の希望額に近づける代わりに、追加費用が発生しても委託料金の範囲内とする旨の合意があるため（甲4）、債権者は、債務者の支払い請求を拒否した。

　　これが事件の要因になったのではないかと推測するものである。

第2　保全の必要性（甲1）
1　原簿は、現地で実際に測定を行った際に、測定した地点とそこの数値を記録した原資料である。

　　この原簿をベースに、A市所定のフォーマットによる報告書（成果物）を作成し、債権者は、委託者たるA市に納品することによりその業務が完了することとなるが、原簿がなければ、債権者は、上記報告書の作成を行う事ができない。債権者のA市に対する上記報告書の納期は、平成25年5月31日であり、切迫している。債権者の報告書提出が納期に間に合わない場合、債権者は、A市に対し、履行遅滞の責めを負うこととなり、損害賠償や信用の低下等の著しい損害を被ることとなる。

2　原簿が持ち出されたということは、まさに緊急事態であり、上記のとおり債権者に著しい損害を与えるものである。

　　一刻も早く原簿又はその複製の引き渡しを受ける必要がある。

　　一方、債務者にしてみれば、原簿自体には何の価値もなく、これを債権者に渡すことに何ら不利益はなく、まして複製を渡すことによる何らの打撃も存在しない。

　　本件業務に基づき、債権者が所有し保管している資料を、債権者の事務所から実力行使して持ち出すなど社会的に許容されるものではなく、仮に債務者に何らかの権原が認められたとしても、違法な自力救済であることは明々白々である。

　　債権者に生じる著しい損害又は急迫の危険を避けるためには、本件仮処分命令が不可欠である。

疎明方法

- 甲1　債権者代表者報告書
- 甲2　Ａ市第2次大気環境調査作業業務委託契約
- 甲3　注文書
- 甲4　電子メール出力（債権者発債務者宛 H25.2.10）
- 甲5　振込依頼票
- 甲6　原簿コピー（サンプル）

添付書類

申立書副本	1通
甲号証写し	各2通
資格証明書	2通
委任状	1通

以上

【書式58】　管轄区域外への供託許可申請書（《Case ⑤》）

管轄区域外への供託許可申請書

平成25年5月○日

○○地方裁判所　民事部　御中

申請人代理人弁護士　　　　若

当事者の表示　別紙目録記載（略）のとおり

申請の趣旨

　上記当事者間の御庁平成○○年㋖第○○○号地位保全等仮処分命令申立事件について、申立人が、担保として供託することを命じられた金○○円を東京法務局に供託することを許可されたく申請する。

申請の理由

　上記事件では、債権者の本店所在地は、東京都○区であり、債権者代理人の住所地は東京都○区である。債権者の住所地及び債権者代理人の住所地からは、御庁の管轄区域内の○○地方法務局が遠方であり同庁への供託は手続が手間取り遅滞するおそれがあるため、債権者の本店所在地を管轄する東京法務局で供託することの許可を求める。

V　申立て〜審尋期日

1　5月9日

　申立書の起案を終え、若干眠った後、事務所に出勤し、直ちにメールで乙さんに申立書のドラフトを送り、承認を待つ。その間、管轄裁判所である○○裁判所に電話し、手続の詳細等を聞いてみる。

若先生「東京の弁護士の若と申します。まだ申立てはしていないのですが、今日か明日には、仮地位仮処分を申し立てる予定です」

書記官「どのような事案になりますか？」

若先生「簡単に言うと……という案件です。おうかがいしたいのは、債権者代理人が裁判所に直接赴いて申立てをした場合、東京地裁のように裁判官面接ができますか？」

書記官「うちではそういう扱いはしていないですから、先生にお越しいただいてもご足労をおかけするだけですね」

若先生「わかりました。仮に明日申立てしたとして、審尋の目処はいつ頃になります？」

書記官「目処ですけれど、1週間くらいです」

若先生「先ほど話した事案を申し立てますが、急ぎですので、何卒早めにお願いします。申立書の副本ですが、これは直送すればいいですか？」

書記官「いえ、申立書正本と一緒に裁判所に出していただければ結構です」

若先生「最後に1つ、郵券はいくら納めればいいですか？」

書記官「3300円分お願いします」

若先生「わかりました」

即日面接できるようであれば、自ら申立てに行こうかとも思ったが、意味がなさそうなので、速達で郵送申立てすることにする。

その後、その日のうちに乙さんから連絡はなかった。乙さんも忙しいだろうから仕方ないとはいえ、期限が切迫しているので、気が焦る。

2　5月10日

待っていた乙さんからの連絡があった。申立書OKとのこと、直ちに速達で申立書を裁判所に送った。

乙さんには、1週間程度で審尋期日が入ること、その場で和解を成立させる方針であること、そのため、乙さんにも審尋に来てほしいことを伝えた。乙さんも、原簿が戻ってくるのであれば、和解でもかまわないし、審尋に行くが、交換条件で追加費用を払うのは嫌だとのことであった。

3　5月13日

午後になり、書記官から電話があった。審尋期日を5月17日にしたいがどうか？　とのことであり、もう少し早くならないかと交渉してみたが、17日が最短であるとのことであったので、17日の午後1時にしてもらった。

すぐに乙さんに都合を聞くと大丈夫とのことであり、打合せも兼ねて、当日、12時30分に裁判所で待ち合わせることとした。

4　5月17日──**審尋期日**

待合せの時間どおりに裁判所に行くとすでに乙さんが来ていた。やはり若干緊張しているようだ。弁護士控え室で簡単に打合せをする。

乙　氏「先生、審尋と言われましたが、証言台とかに立つのですか？」
若先生「いえ、すみません。もっと細かく説明しておけばよかった。もっと気楽で、この控え室みたいな広さの部屋で、真ん中に丸いテーブルがあって、そこに座って、裁判官とお話する、そのようなイメージです。怖いことはないです」
乙　氏「私は何を話せばよいのでしょうか？」
若先生「基本的に私が話しますから大丈夫です。ただ、事実関係を聞かれたり、直接裁判官から乙さんが聞かれたら、それに答えてください。事実をありのまま話していただければ大丈夫です」
乙　氏「わかりました。しかし、丙さん（Y社代表者）は来ますかね？」
若先生「そうですね、来てくれないと和解の方針は崩れてしまうのですよね。決定はもらえると思いますが、確実に執行できるか、お話したとおり絶対ではないので、うまく和解できればいいのですけれど」

午後1時になると書記官が来て、ラウンド法廷に誘導してくれた。乙さんが出頭簿に署名していると、丙さん（Y社代表者）とP氏が書記官に案内され入室してきた。軽く会釈を交わすが、さすがにピリピリしている。やがて裁判官が入室してきた。

裁判官「裁判官の○○です。では審尋を始めます。申立人の方は、代理人の若先生と、そちらは申立人代表者の乙さんですね。そちらは、Y社の代表者の丙さんですね。もう1人の方は？」
丙　氏「社員のPです」
裁判官「申立人の方、Pさんも同席でよろしいですか？」
若先生「結構です」
裁判官「では、債権者と債務者双方同席のうえで進めます。丙さん、申立書副本というのは届いていますか？」
丙　氏「ええ、もらっています」
裁判官「何か事実関係で間違っている部分がありますか？」

丙　氏「ええ、まずお金をもらっていないのですよね……」

裁判官「委託代金をもらっていないの？」

丙　氏「それはもらいましたが、この仕事、結構手間がかかって費用が出ているのです。その分の補てんをしてもらえないと」

裁判官「うん。わかりました。しかしこの場は、追加費用があるなしを審理する場ではないので、それは別の場所でやってもらうしかないのです。この場での問題は、原簿ですか、これをどうするかということです。

　そうすると、社長さん、申立書に書いてあることで事実と違うという部分はないのですか？　原簿を持って行ってしまったという点はいかがですか？」

丙　氏「それは間違いないですが……」

裁判官「うん。そうすると、社長どうですか、これを返すという気はありますか？」

丙　氏「返せというなら、返しますけど」

裁判官「けど？」

丙　氏「追加費用をもらっていないのは事実なのでそれはもらわないと」

裁判官「追加費用をもらっていないということが、引渡しを拒否する正当事由になりますか？」

若先生「原簿は、債権者の事務所に提出され、管理していた物です。それを持ち出されたわけでして、それと委託料金自体はすでにお支払いしています。追加費用の問題は、この場ではなく、別途話し合いするか、調停するか、そういう形で解決しましょう。とりあえず、Ｘ社も仕事にならないので、返してください。お願いします」

裁判官「社長。ここは返してあげてはいかがですか？」

丙　氏「いえ、返す気はありますけど……」

裁判官「もちろんこの場で強制するわけではありませんけれど、嫌だとい

うのであれば、決定を出すだけなんですが」
丙　氏「わかりました。お返しします。1週間後でいいですか？」
若先生「5月24日ですか（乙氏に確認する）OKです。郵便で送ってもらえれば結構です。直接、X社の事務所に送ってください」
裁判官「どうします？　債権者は申立取下げで実質的に終わりとしますか？」
若先生「いえ、やはりきちんとしたいので、和解調書の形にしてもらえればと思います」
裁判官「わかりました。では和解条項ですが、一応読み上げますね（【書式58】のとおり）。以上です。では、これで終わります」

　裁判官がうまく和解に誘導してくれたおかげもあり、想定どおり和解することができた。とりあえずほっとする。和解条項まで作成して返さないということはなかろうが、やはり現実に返ってくるまでは不安である。乙さんと簡単に今後のことを話して事務所に戻った。

5　5月23日

　突然事務所宛てにY社からの荷物が届いた。ミカン箱1つ程度の大きさの段ボールであった。まさかとは思いつつ中を開けてみると、原簿が入っていた。さらにUSBメモリーも入っていた。一応中をみてみると原データのコピーのようであった。

　X社の事務所に直接送ってほしいと言ったのに、1日早くうちに送ってくるとは。間違えなのかわざとなのかわからないが、想定外の原データまで戻ってきたので良しとする。

　直ちに乙さんに報告し、荷物をX社に宅配便で送った。

6　5月30日

　乙さんから、報告書の作成が完了し、無事A市に納品したとの連絡があった。

【書式59】 和解調書（〈Case ⑤〉）

裁判官認印	

審 尋 調 書（和解）

事件の表示	平成25年(ヨ)第○号
期　　　日	平成25年5月17日　　午後13時00分
場　　　所	○○地方裁判所　　審尋室
裁　判　官 裁判所書記官	○○　○○ ○○　○○
出頭した当事者等	債権者代表者　　乙 債権者代理人　　若 債務者代表者　　丙
次　回　期　日	

審　尋　の　要　領

　当事者間に次のとおり和解成立
第1　当事者の表示
　　　東京都○区○町○丁目○番地
　　　　　債　　権　　者　　X株式会社
　　　　　同代表者代表取締役　　乙
　　　　　同代理人弁護士　　若
　　　○○県○市○○町○番地
　　　　　債　　務　　者　　Y株式会社
　　　　　同代表者代表取締役　　丙
第2　申立の表示
　　　別紙のとおり（略、申立書記載のとおり）
第3　和解条項
　1　債務者は、債権者に対し、債務者が平成25年5月2日、債権者の事務所

(○○県○○市○町○丁目○番○号)から持ち出した、債権者と債務者間の平成25年2月15日付A市第2次大気環境調査作業業務委託契約の測定対象箇所に関する大気環境測定原簿を平成25年5月24日までに郵送により引き渡す。
2 当事者双方は、前項の業務委託契約に基づく委託料等の精算について、誠実に話し合うことを約束する。
3 本件申立費用及び和解費用は各自の負担とする。

裁判所書記官　○　○　○　○

●事項索引●

【英数字】

1号取消し　24
2号取消し　24
3号取消し　24
3点セット　80
　──の入手方法　80
EBITDA　5

【あ行】

一件保証　112
受付手続　37

【か行】

株式の換価　146
仮差押え　7
　──の効力　9
　──の順番　18
　──の担保　23
　──の手続相対効　9
仮差押決定正本　52
仮処分調書　200
仮地位仮処分　173
仮の地位を定める仮処分　218
管外供託の許可申請　223
管轄　21
管轄法務局　45
管理命令　146
期間入札　97
　──の通知　97
期日入札　97
義務供託　143
強制管理　63
強制競売　5, 8, 62
強制競売開始決定　79
強制執行実施の要件　57
強制執行調書　212
供託金取戻請求権　24
供託原因消滅証明申請書　67

供託準備　43
供託手続　45
供託取戻しのための委任状　44
供託用委任状　43
銀行預金　115
金銭債権の換価方法　146
係争物仮処分　173
決定正本交付時刻　51
減価要因　95
現況調査報告書　80
現在事項全部証明書　35
限定支店順位付け方式　127
限度保証　112
権利供託　142
ゴルフ会員権　114

【さ行】

債権仮差押命令申立書　130
債権計算書　103
債権差押命令申立書　148
債権差押命令申立書手数料　151
債権残高の疎明　12
債務者面接　22
債権の期限　13
債権の特定　115
催告執行　210
債務名義　5, 57
　──の還付　159
　──の還付請求　107
資格証明書　35
執行費用　101
執行文の再度付与　60
執行文付与申立書　60
執行補助者　190
執行申立書　192
支払督促　20
支払保証委託　24
授権決定の申立て　208
承継執行文の付与　60

事項索引　*237*

条件成就執行文の付与　60
譲渡命令　146
処分禁止の仮処分　175
数通付与　60
請求債権額　72
請求債権の特定　21
請求喪失　3
全店一括順位付け方式　127
占有移転禁止仮処分命令申立書　178
占有移転禁止の仮処分　172, 176
即日面接　36

【た行】

建物収去決定　209
建物収去命令申立書　208
建物退去土地明渡し　168
断行執行　211
担当社員の報告書　19
担保受入れ　45
担保提供期間　41
担保取消し　64
担保取消決定　24
担保取消決定申立書　66
担保不動産競売　62
担保不動産収益執行　63
地位保全等仮処分命令申立書　224
陳述催告の申立て　137
追加的な仮差押え　16
手続費用　102
点検執行　200
転付命令　144
登記権利者義務者目録　49
当事者恒定効　173
登録免許税　49
特別売却　99
取立権の行使　155

【な行】

二段の推定　113
二段の保全不足　120

【は行】

売却命令　146

配当異議の訴え　105
配当期日　107
配当期日呼出状及び計算書提出の催告書　102
配当金等支払請求書　106
配当等見込額照会書　105
配当表写しの交付　107
配当表の是正　105
配当見込額　104
配当要求　96
判決送達証明申請書　58
非共益費用　102
評価書　80
物件明細書　94
不動産仮差押必要書類　6
不動産仮差押命令申立書　28
不動産仮処分命令申立書　183
不動産強制競売申立書　73
不動産競売申立てに必要な提出書類・添付目録等　70
不動産競売申立てに必要な費用等　78
不動産の登記事項証明書　27
不動産の評価証明書　26
振替社債等仮差押え　114
振替社債等仮差押命令申立書　116
弁済金交付手続　100
包括保証　112
保険給付金　129
保証否認　113
保全の必要性　17
　――の要件　13
保全不足額の疎明　15
保全保証金　7, 23
　――の金額　25
　――の目安　26
ボンド　24

【ま行】

満足的仮処分　173
密行性　11
申立書作成のポイント　27

【や行】

預金額最大店舗指定方式　127

【ら行】

履歴事項全部証明書　35

連帯保証人に対する仮差押え　120

【わ行】

割り付け　119

〔著者略歴〕

野村　創（のむら　はじめ）

弁護士
　（略　歴）
平成 4 年　　国家公務員Ⅰ種試験合格
平成 5 年　　明治大学文学部卒業、法務省入省
平成10年　　弁護士登録（第二東京弁護士会）
平成22年　　平成22年度司法試験（新司法試験）考査委員（行政法）
平成23～　　司法試験（新司法試験・司法試験予備試験）考査委員（行
24年　　　　政法）
　（著　書）
行政許認可手続と紛争解決の実務と書式（平成22年、編著）／事例に学ぶ行政訴訟入門──紛争解決の思考と実務（平成23年）／事例に学ぶ離婚事件入門──紛争解決の思考と実務（平成25年、共著）（以上、民事法研究会）

事例に学ぶ保全・執行入門
──権利実現の思考と実務

平成25年 9 月26日　第 1 刷発行
令和 3 年 3 月22日　第 4 刷発行

定価　本体2,300円＋税

著　　者　野村　創
発　　行　株式会社　民事法研究会
印　　刷　株式会社　太平印刷社

発 行 所　株式会社　民事法研究会
　　　　　〒150-0013　東京都渋谷区恵比寿 3-7-16
　　　　　〔営業〕　TEL 03(5798)7257　FAX 03(5798)7258
　　　　　〔編集〕　TEL 03(5798)7277　FAX 03(5798)7278
　　　　　http://www.minjiho.com/　info@minjiho.com

落丁・乱丁はおとりかえします。ISBN978-4-89628-893-3　C3032　¥2300E
カバーデザイン　関野美香

事例に学ぶシリーズ（既刊12巻）

― 具体的な事例を通して考え方と手続を解説！―

2021年1月刊 相談から解決までの思考プロセス、訴状起案、裁判経過までを対話方式を通して平易に解説！

事例に学ぶ行政事件訴訟入門〔第2版〕
――紛争解決の思考と実務――

行政不服審査法の全面改正など、初版刊行以降の法改正に対応するとともに、新たに遺族厚生年金不支給決定取消訴訟を収録したほか、不作為の違法確認訴訟、処分取消訴訟、不利益処分の事前差止め、実質的当事者訴訟を収録！

弁護士　野村　創　著　　　　　（Ａ５判・284頁・定価 本体2700円＋税）

2018年3月刊 相談から裁判外交渉、訴訟での手続対応と責任論、損害論等の論点の分析を書式とともに解説！

事例に学ぶ損害賠償事件入門
――事件対応の思考と実務――

名誉毀損、医療過誤、喧嘩闘争、ペットトラブル、介護施設事故、いじめ、漏水、スポーツ、リフォーム、著作権侵害、従業員の不正行為、弁護過誤の12事例を収録！　弁護士、司法書士等に向けてセルフＯＪＴの役割を担う１冊！

損害賠償事件研究会　編　　　　（Ａ５判・394頁・定価 本体3600円＋税）

2016年9月刊 具体的事例を通して、事件解決までの手続と思考プロセスを解説！

事例に学ぶ交通事故事件入門
――事件対応の思考と実務――

人損・物損事故の相談から事件解決までの手続を、代理人の思考をたどり、書式を織り込み解説！　複合事故、過失相殺、自転車事故での責任、後遺障害、高次脳機能障害、素因減額、外貌醜状等での損害など多様な事例を掲載！

交通事故事件研究会　編　　　　（Ａ５判・336頁・定価 本体3200円＋税）

2013年3月刊 12のモデルケースを通して戦略的事件解決の思考と手法が獲得できる！

事例に学ぶ離婚事件入門
――紛争解決の思考と実務――

事件終結に至る思考プロセスをたどり、問題点把握能力や事案処理遂行能力を高め、若手法律実務家のＯＪＴを補完！　性交渉拒否、ＤＶ、慰謝料の相場、財産分与請求、監護権・親権、判決による離婚等豊富な事例を掲載！

離婚事件研究会　編　　　　　　（Ａ５判・346頁・定価 本体2800円＋税）

発行　民事法研究会　〒150-0013　東京都渋谷区恵比寿3-7-16
（営業）TEL 03-5798-7257　FAX 03-5798-7258
http://www.minjiho.com/　　info@minjiho.com

事例に学ぶシリーズ（既刊12巻）

― 具体的な事例を通して考え方と手続を解説！―

2014年4月刊 紛争解決過程を、代理人の思考をたどり実務のあり方を体感できる！

事例に学ぶ建物明渡事件入門
―権利実現の思考と実務―

依頼者との相談から占有者との交渉、相手方代理人、裁判官とのやりとりなど具体的事例を通して実務家としての考え方と解決までの手続を豊富な書式を織り込み丁寧に解説！　実務に取り組む最初の1冊として最適の書！

弁護士　松浦裕介　著　　　（Ａ５判・244頁・定価 本体2300円＋税）

2014年5月刊 任意整理・破産・個人再生、小規模企業の民事再生、破産管財業務まで網羅！

事例に学ぶ債務整理入門
―事件対応の思考と実務―

債務整理事件を11のテーマに分類し、ドキュメンタリー形式で実際の事件処理のフローを詳細に紹介！　現実の事件に勝るとも劣らない臨場感で、事件解決までの思考方法と対応を豊富な書式を織り込み解説！

債務整理実務研究会　編　　（Ａ５判・414頁・定価 本体3600円＋税）

2017年4月刊 具体的事例を通して後見人、後見監督人としての対応と手続を解説！

事例に学ぶ成年後見入門〔第2版〕
―権利擁護の思考と実務―

最新の家庭裁判所の運用、改正民法、家事事件手続法、成年後見制度利用促進法等に対応し改訂！　施設入所手続、医療同意、居住用不動産の売却、対立親族への対応、養護者の虐待、死後事務、財産管理、後見監督人等豊富な事例を網羅！

弁護士　大澤美穂子　著　　（Ａ５判・255頁・定価 本体2300円＋税）

2015年3月刊 超高齢社会に向かって急増する分野の事件対応の経験を獲得できる！

事例に学ぶ相続事件入門
―事件対応の思考と実務―

相談から事件解決まで具体例を通して、利害関係人の調整と手続を書式を織り込み解説！　遺産分割協議・調停・審判、遺言執行、遺留分減殺請求、相続財産管理人、相続関係訴訟、法人代表者の相続事案まで事例を網羅！

相続事件研究会　編　　　　（Ａ５判・318頁・定価 本体3000円＋税）

発行　民事法研究会　〒150-0013 東京都渋谷区恵比寿3-7-16
（営業）TEL 03-5798-7257　FAX 03-5798-7258
http://www.minjiho.com/　info@minjiho.com

信頼と実績の法律実務書

民法(債権法)・民事執行法・商法等の改正を収録するとともに、船舶執行関連の法改正にも対応させ改訂！

書式　不動産執行の実務〔全訂11版〕
──申立てから配当までの書式と理論──

園部　厚　著　　　　　　　　　　　　　　　（Ａ５判・689頁・定価 本体6100円＋税）

民法(債権法)や民事執行法など関係法令の改正等、最新の法令・実務・書式に対応させ改訂！

書式 債権・その他財産権・動産等執行の実務〔全訂15版〕
──申立てから配当までの書式と理論──

園部　厚　著　　　　　　　　　　　　　　　（Ａ５判・1100頁・定価 本体9000円＋税）

全訂六版では、インターネット関係の仮処分命令申立書などの記載例を追録して改訂増補！

書式　民事保全の実務〔全訂六版〕
──申立てから執行終了までの書式と理論──

松本利幸・古谷健二郎　編　　　　　　　　　（Ａ５判・664頁・定価 本体6000円＋税）

執行関係訴訟の理論と実務指針を執行実務経験豊富な元裁判官の見地から提示！

執行関係訴訟の理論と実務

内田義厚　著　　　　　　　　　　　　　　　（Ａ５判・265頁・定価 本体3000円＋税）

「子の引渡執行」の実務を綿密かつ詳細に解説し、最新の動向を踏まえ大幅改訂増補！

執行官実務の手引〔第２版〕
──書式例収録ＣＤ－ＲＯＭ付──

執行官実務研究会　編　　編集代表　菊永充彦　（Ａ５判・788頁・定価 本体7200円＋税）

鑑定・評価の基礎知識から各種不動産の探索・調査の実務上の留意点までを解説！

ケースブック保全・執行のための不動産の調査
──仮差押え・差押えに活かす探索・調査・評価の実務──

不動産鑑定士　曽我一郎　著　　　　　　　　（Ａ５判・453頁・定価 本体4200円＋税）

発行　民事法研究会
〒150-0013　東京都渋谷区恵比寿3-7-16
（営業）TEL03-5798-7257　FAX 03-5798-7258
http://www.minjiho.com/　　info@minjiho.com